FAITES LA PAIX AVEC L'ARGENT
Rayonnez plus l'amour et recevez plus d'argent

Marcelle della Faille
Les Éditions de la Loi d'Attraction
684, chemin des Garrigues – 84210 Venasque
equipe-aficea@aficea.com
www.aficea.com

Création graphique : Créa 30
Illustrations : © Dim Dimich/Shutterstock

TEXTE INTÉGRAL

Le Code de la propriété intellectuelle interdit les copies ou reproductions destinées à une utilisation collective. Toute représentation ou reproduction intégrale ou partielle faite par quelque procédé que ce soit, sans le consentement de l'auteur ou de ses ayants cause, est illicite et constitue une contrefaçon sanctionnée par les articles L. 335-2 et suivants du Code de la propriété intellectuelle.

Marcelle della Faille – Les Éditions de la Loi d'Attraction,
© 2017

L'auteure et l'éditeur ne revendiquent ni ne garantissent l'exactitude, le caractère applicable et approprié ou l'exhaustivité du contenu de ce programme. Ils déclinent toute responsabilité, expresse ou implicite, quelle qu'elle soit.

FAITES LA PAIX AVEC L'ARGENT
Rayonnez plus l'amour et recevez plus d'argent

Marcelle della Faille

Les Éditions de la Loi d'Attraction

Appréciation et amour-propre...

« L'appréciation et l'amour-propre sont les outils les plus importants que vous puissiez utiliser. Apprécier les autres et vous apprécier vous-même correspond le plus à la vibration de votre source d'énergie. »

(Abraham-Hicks, extrait de l'atelier donné à Spokane, WA, le mardi 30 mai 2000.)

TABLE DES MATIÈRES

Introduction p. 13
Pourquoi ce livre sur l'alchimie
de l'amour et de l'argent ?

Chapitre 1 p. 21
L'argent est important

Chapitre 2 p. 33
Découvrez la monnaie de l'âme

Chapitre 3 p. 47
Prenez la responsabilité de votre réussite financière

Chapitre 4 p. 61
Décidez d'aimer et de respecter l'argent

Chapitre 5 p. 71
Aimez l'argent

Chapitre 6 p. 81
L'argent vous permet de faire des dons

Chapitre 7 p. 91
L'argent est votre allié

Chapitre 8 p. 105
Votre expérience actuelle avec l'argent
représente votre « ancien vous »

Chapitre 9   p. 115
L'argent vous aide à vous ouvrir au nouveau

Chapitre 10   p. 125
L'argent vous aide à être bienveillant

Chapitre 11   p. 135
L'argent ne peut pas vous sauver

Chapitre 12   p. 143
L'argent vous considère comme plus
puissant et créatif que ce que vous croyez

Chapitre 13   p. 153
L'argent est votre coach
d'amour et de gratitude

Conclusion   p. 163

Glossaire très personnel   p. 167

Du même auteur   p. 171

Contacter l'auteure   p. 174

Aujourd'hui, j'apprécie et je remercie...

Toutes les personnes qui m'ont soutenue, me soutiennent et me soutiendront dans mon parcours.

Toutes les personnes qui traversent ma vie, que je rencontre, que je croise, peu importe le temps que nous passons ensemble.

Toutes les personnes dont les paroles, les écrits ou les images résonnent en moi et m'apportent des connaissances, un sentiment ou une compréhension nouvelle.

Toutes les personnes qui m'inspirent par leur personnalité, leur bienveillance, leur amour du beau, leur bonheur simple, leurs mots vrais.

J'apprécie et je remercie particulièrement...

Marcy Koltun-Crilley, ou « Marcy from Maui », mon tout premier mentor, qui m'a guidée sur la voie de l'abondance et de la liberté de pensée totale, grâce à un petit article et une photo magnifique dans la revue spécialisée *Network Marketing*. Elle fut à l'initiative de cette merveilleuse aventure dans laquelle je me suis engagée, il y a déjà dix-sept ans. Elle m'a ouvert la porte de la compréhension des lois de l'Univers, que j'utilisais déjà à profusion sans m'en rendre compte. Et surtout, elle m'a rappelé que notre seul but sur cette terre est d'émettre le plus souvent possible et le plus fortement possible la vibration de la joie.

Abraham-Hicks, dont les messages expriment avec une clarté totale les moindres de mes sentiments, découvertes ou sensations. Ils ont une réponse à toutes mes questions existentielles, relationnelles, professionnelles, financières et autres. À chaque lecture ou écoute de leur sagesse, je comprends davantage le sens de ma vie sur la Terre, et tout est clair dans mon esprit. Ils m'apportent la clé pour tout ce que je veux expérimenter dans cette vie !

Oprah Winfrey, dont le parcours de petite fille, puis de jeune fille, et enfin de femme noire aux États-Unis, toujours semé d'embûches, reste un modèle de focalisation, d'intention, de qualités d'abondance entretenues et développées, tout cela multiplié par l'amour qu'elle répand sur Terre depuis qu'elle a pris la décision de s'accomplir, quoi qu'il arrive, tout en étant au service des autres. Un modèle puissant à suivre.

Mary Higgins Clark, oui, la reine du polar et du suspense. Elle complète magnifiquement la liste de mes modèles et prouve, s'il en était besoin, que la diversité est porteuse. En tant qu'auteure de livres de développement personnel et de fictions, j'aime me relier à elle lors de la phase d'écriture. Cette grande auteure renommée a décidé de prendre les rênes de sa vie en main à une époque où la place des femmes était à la maison, et elle a choisi de croire en son rêve. Pour cela, elle a osé envoyer son premier manuscrit à un éditeur, après le décès de son mari, qui la laissa veuve avec cinq enfants. Sa jeunesse avait déjà été marquée, alors qu'elle n'avait que 10 ans, par la mort de son père et la difficulté de sa mère à les élever, ses deux frères et elle. Encore un modèle de femme déterminée à réussir et à donner le meilleur d'elle-même, au service de ses enfants et de ses lecteurs.

Un tout grand merci à vous tous !

J'apprécie et je remercie également...

Mes parents, de m'avoir autorisée à élargir mon horizon par l'apprentissage de la langue anglaise. J'ai ainsi accédé à une littérature et à des connaissances internationales, d'une sagesse universelle, et j'ai trouvé ma voie, grâce aux rencontres, aux expériences et aux contacts que je me suis créés à travers le monde, entre autres sur la Toile.

Mes frères et sœurs, qui me permettent, à leur insu parfois, de gagner en confiance dans mon activité de guide, de formatrice et de coach. Nous entretenons des relations très amicales et agréables, dans lesquelles la joie et le soutien réciproques priment, de sorte que je nous considère « guides » les uns des autres dans de nombreux aspects de notre vie.

Mon mari, Vincent, qui me soutient dans tout ce que j'entreprends et me rappelle souvent, par son comportement et ses remarques, que nous sommes ici avant tout pour nous amuser, profiter de la vie et vivre la *dolce vita* !

Et enfin, mes filles, Noémie, Barbara et Roxane, qui me rappellent chaque jour comment :

- utiliser la loi de l'attraction aisément et facilement ;
- être joyeuse, chaque minute, chaque seconde ;
- jouer et rire ;
- être dans l'instant présent à tout moment ;
- donner et recevoir amour et tendresse sans compter ;
- me concentrer uniquement sur les bons moments ;
- accueillir l'abondance !

Je vous aime et vous remercie de tout cœur d'être là !

INTRODUCTION
Pourquoi ce livre sur l'alchimie de l'amour et de l'argent ?

Depuis de nombreuses années, j'effectue des recherches sur l'argent et notre relation avec l'argent, et ce que j'ai découvert est des plus intéressant.

L'amour et l'argent sont une seule et même chose. Quand l'amour est pleinement présent en vous, l'argent est pleinement présent dans votre vie.

En effet, l'amour est une énergie, et cette énergie se transmute en beaucoup de choses matérielles différentes.

Ainsi, quand vous rayonnez l'amour parce que vous vous aimez et parce que vous aimez suffisamment votre vie, vous attirez. Vous êtes un aimant et vous manifestez ce dont vous avez besoin pour pouvoir exprimer tout votre potentiel en tant qu'être humain, sur ce plan physique. C'est ce que je pense.

Et ainsi, j'ai fait des recherches sur le mot « alchimie ». L'alchimie est une tradition philosophique que ses pratiquants ont, depuis l'Antiquité, considérée comme précurseur de pouvoirs profonds. Ainsi, les objectifs de l'alchimie sont variés et incluent la création de la pierre philosophale, la capacité de transformer les métaux lourds en des métaux nobles comme l'or et l'argent, et aussi le développement de l'élixir de longévité.

En bref, l'alchimie, pour moi, c'est l'art de libérer des parties du Cosmos de leur existence temporelle et d'atteindre la perfection. Pour les métaux, cela représente l'or, et pour nous, hommes et femmes, il s'agit de la longévité, puis de l'immortalité et finalement de la rédemption. Dans l'absolu, bien sûr.

À mon sens, pour transformer l'argent en amour, ce qui est la partie expansion du processus, vous devez d'abord reconnaître que l'amour est l'énergie qui crée l'argent et toute autre chose matérielle. Cette relation à l'argent est à la base de tant de choses dans notre vie que, par exemple, j'ai remarqué que nombre de personnes que j'accompagnais au début de mes recherches, comme les thérapeutes ou ce que j'appelle les entrepreneurs spirituels, manquent d'argent et ne semblent pas capables de l'attirer facilement. Même s'ils connaissent les principes de la loi de l'attraction ou les principes spirituels, même s'ils font ce qu'ils doivent faire, ou s'ils sentent ce qu'ils ont à faire, ils ne semblent pas être en mesure de l'attirer facilement. Et j'ai remarqué que c'est à cause de ce qu'ils croient sur l'argent.

Ils pensent que l'argent est mauvais, ils pensent que l'argent ne doit pas être recherché, et ils pensent que l'argent n'est pas spirituel. Et ainsi, par ma propre expérience aussi, parce que je suis passée par là moi aussi, j'ai compris que tant que vous voyez l'argent comme une source négative, une chose matérielle lourde, vous ne pouvez pas l'attirer.

Vous devez transmuter votre façon de considérer l'argent.

La solution, c'est de transmuter votre amour en argent d'abord, parce que nous, les entrepreneurs spirituels, nous sommes pleins d'amour avant tout. Nous voulons servir, nous voulons apporter l'amour au monde, nous voulons montrer notre amour aux autres. Dès lors, nous devons voir que l'argent est amour, et ensuite nous pouvons utiliser cet amour que nous ressentons tellement fort en nous pour créer et manifester l'argent dans nos vies. Souvent, les gens disent « Je ne fais pas ceci pour l'argent » (peinture, chant, activité), ou « J'ai grandi en entendant que vouloir être riche ou vouloir gagner plus d'argent et avoir plus d'argent, c'est être cupide/gourmand, et ainsi de suite. »

Si vous parvenez à voir l'argent comme la meilleure façon d'exprimer votre amour – parce que vous avez besoin d'argent pour être en mesure d'exprimer votre plein potentiel dans le monde d'aujourd'hui –, alors vous serez en mesure de manifester l'argent plus facilement. En effet, vous sortirez de la croyance que l'argent n'est pas spirituel.

Parlons un peu plus de notre relation avec l'argent. Si nous commençons à créer une entreprise qui génère de l'argent et que nous entretenons un système de croyances qui nous rappelle que l'argent est mauvais, que l'argent n'est pas bon, lorsque nous transformons cela pour commencer à penser que l'amour et l'argent sont une seule et même chose et que « plus je montre amour et appréciation aux clients, plus de clients apparaissent pour moi, plus je peux générer d'argent, plus je peux être plus abondant et généreux », nous avons plus de facilité à recevoir l'argent et les clients désirés.

Notre relation avec l'argent touche tous les domaines de notre vie, et c'est un sujet dont nous devons tous être conscients, surtout si nous sommes des entrepreneurs centrés sur le cœur et que nous voulons avoir un impact plus grand dans la vie de nos clients et dans le monde. Notre relation avec l'argent peut déterminer combien d'argent nous pouvons manifester, combien d'argent nous pouvons économiser et combien de dettes nous avons ou pas.

Comment notre relation avec l'argent affecte-t-elle tous ces domaines ?

1. Il y a tellement de choses à dire au sujet de notre relation avec l'argent, mais la principale est que **notre relation à l'argent est le miroir de notre relation avec les autres et avec nous-mêmes**, simplement parce que l'argent vient par les autres et par nous-mêmes. Nous le manifestons par notre relation avec les autres et par notre relation avec nous-mêmes.

Donc, quand nous sommes habitués à haïr l'argent, par exemple, à ne pas l'aimer ou à ne pas vouloir vivre dans un monde qui fonctionne principalement avec l'argent – c'est quelque chose que j'entends beaucoup chez les entrepreneurs spirituels –, nous le repoussons et nous repoussons les gens, les clients par lesquels il pourrait venir à nous. Et ainsi nous étouffons notre pouvoir d'attraction.

2. Et je veux simplement rappeler que **l'Univers est fait d'une substance sans forme qui crée à travers les pensées**. Donc, quand nous pensons, nous créons ce sur quoi nous nous concentrons. C'est le principe de la loi d'attraction. Cette théorie est soutenue par les scientifiques, quand ils disent que l'Univers, par exemple, est un hologramme. Il y a un beau livre que je vous recommande de lire. Il est difficile à trouver en français, il s'appelle *The Holographic Universe*, de Michael Talbot[1], et il est fondé sur les travaux des célèbres scientifiques Bohm et Pribram, qui montrent que tout l'Univers fonctionne de cette façon. Donc, nous créons à travers notre pensée.

Imaginez que vous pensez tout cela – que l'argent est mauvais, que l'argent ne doit pas être recherché par des entrepreneurs comme vous, ou que l'argent n'est pas spirituel, que vous détestez l'argent, que vous détestez les gens riches parce qu'ils sont arrogants ou parce qu'ils sont supérieurs, etc.

Que se passe-t-il quand vous pensez cela ? Vous concentrez votre émotion forte et négative sur cette chose, l'argent. Et donc, vous rayonnez une forte énergie électrique. Au lieu d'être magnétique, vous devenez électrique, vous repoussez ce que vous désirez profondément dans votre cœur, puis vous dites : « Je ne comprends pas ! Je fais ce qu'on m'a dit de faire pour attirer l'argent, je ne parviens pas à l'obtenir. Qu'est-ce qui ne va pas chez moi ? »

Et en fait, vos actions sont totalement contradictoires avec ce que vous vibrez, donc avec ce que vous pensez, vraiment. En bref, vous bloquez l'argent énergétiquement, et peut-être que par moments vous ne réalisez même pas que c'est votre pensée. Vous pouvez voir quelqu'un conduire une nouvelle voiture et instantanément vous pensez *qu'est-ce qu'il a fait pour*

---

[1] Michael Coleman Talbot (29 septembre 1953-27 mai 1992), est un écrivain américain. Il est l'auteur de plusieurs livres se rapportant au mysticisme quantique et aux modèles de réalité qui font de l'Univers un hologramme. Selon Talbot, la perception extrasensorielle, la télépathie et les phénomènes paranormaux sont réels et produits par le modèle holographique de la réalité.

mériter ce genre de chose ? Cela crée une énergie, vous vous dites que les gens riches sont cupides ou n'importe quoi d'autre. Cela empêche l'argent de couler vers vous, parce que vous émettez une énergie négative sur l'argent.

Cette empreinte vient de très loin, de vos parents et de la société, et même maintenant, en tant qu'adultes, vous continuez d'en être imprégnés toute la journée par les publicités, les magazines, les conversations des autres.

Notre société nous a appris à avoir peur de l'argent, à ne pas le montrer, à ne pas dire que nous voulons plus de lui, donc nous sommes habitués à être électriques au sujet de l'argent. Tout le monde, dans la société, sauf peut-être les gens vraiment riches, est électrique face à l'argent et tout le monde veut devenir magnétiques face à lui.

Notre société nous a également dit que l'argent est rare, qu'il en manque partout dans le monde, de sorte que nous devons l'épargner pour en obtenir plus, sinon nous pourrions nous retrouver sans lui à un moment donné.

Donc règne la peur de ne plus avoir d'argent ou de ne pas avoir assez d'argent. Si vous économisez de l'argent avec cette peur de ne pas en avoir assez ou que des gens vont vous le prendre, par exemple les impôts ou des cambrioleurs, voire des banquiers ou des cracks économiques, vous allez VOUS créer ces choses que vous redoutez. Et vous vous retrouverez avec moins d'économies. Ainsi, l'épargne, c'est bien quand vous la faites avec une intention claire de croissance et non pas par peur de voir diminuer le montant ou d'avoir moins. Nous nous créons souvent ce que nous craignons le plus.

Si nous craignons de perdre de l'argent, de ne pas en avoir assez ou de le voir disparaître soudainement, toutes nos pensées, nos actions, ce que nous faisons exacerbe cela, et l'empire au point que cela ne nous ouvre pas à être abondant, à lui permettre de s'écouler parce que nous agissons par peur.

3. Nous devons nous rappeler que **l'abondance est présente à un très haut niveau de fréquence**. Au niveau de

l'amour. C'est pourquoi j'ai remarqué cette alchimie entre l'amour et l'argent.

Si vous voulez avoir de l'argent, vous devez rayonner l'amour avant toute chose.

La sérénité intérieure, ou la richesse ultime

En début d'année, je me suis donné comme défi de cultiver la sérénité intérieure. Car qui dit sérénité intérieure, dit paix et attractivité.

Si j'ai choisi ce thème, c'est avant tout parce que je voulais développer une forme de sérénité intérieure autour de l'argent. Et je me suis rendu compte que l'étape avant la sérénité intérieure, c'est le sentiment de sécurité financière intérieure.

Je vois que beaucoup de personnes autour de moi, et même des personnes qui sont beaucoup plus loin dans leur expansion financière, se retrouvent face à ce choix.

Nous ne pouvons plus nous fonder uniquement sur la sécurité extérieure d'avoirs ou de biens immobiliers, de placements, etc., parce que tout est en train de changer, les anciens systèmes économiques et financiers sont en train de s'écrouler. Aujourd'hui, il nous est demandé d'installer un sentiment de sécurité financière à l'intérieur de soi.

Tant que nous aurons besoin de l'argent, la sécurité financière sera nécessaire. Lorsque nous repasserons peut-être au troc, nous devrons développer une autre forme de sécurité et d'abondance intérieure. Nous avons besoin de ressentir que nous sommes en sécurité parce que nous « sommes l'abondance ».

C'est intéressant de vous donner à vous aussi ce défi, parce que cela vous permet de vivre une réflexion intérieure, de vous ouvrir à des inspirations et d'avoir des prises de conscience qui vous poussent en avant et qui peuvent ensuite vous aider à affiner vos désirs, votre mode de fonctionnement et vos canaux d'abondance.

Et c'est le but des chapitres de ce livre : vous aider à ancrer un sentiment de sécurité et de paix intérieure, de jour en jour et de mois en mois.

Parallèlement à la sécurité intérieure, il est important de reconnaître votre valeur propre et votre mérite personnel. Seules ces qualités d'abondance vous mèneront à votre vérité et à l'authenticité. Plus que jamais, vous devez oser dire ce qui se passe pour vous, oser vous montrer tels que vous êtes, être authentique, le dire haut et fort, et le partager avec les autres.

N'hésitez pas à dire, à vous-même, à vos proches et à votre communauté : « Je suis en train de me réaligner sur qui je suis, et de me donner (enfin !) la permission d'être. Autant être vrai. Je suis en train de reconnaître que j'ai du mérite et que je suis digne de recevoir l'abondance. »

Beaucoup de personnes expérimentent une espèce de crise existentielle, en ce moment. Nous sommes dans une phase de transition très importante pour l'être humain, et d'autant plus pour les entrepreneurs, surtout sur Internet.

J'en parlais encore récemment avec une collègue : tout ce qui fonctionnait ne fonctionne plus. Il y a un niveau de conscience qui a été dépassé par beaucoup de personnes. Beaucoup de personnes ont rejeté leur besoin de paraître et ont décidé d'enfin oser être qui ils sont plutôt que de se focaliser uniquement sur l'extérieur, sur les apparences, sur l'accumulation de richesses.

Aujourd'hui, il nous est demandé de revenir à l'intérieur.

Être entrepreneur, ce n'est pas seulement « entreprendre », c'est être vivant, ici et maintenant, sur Terre.

Entreprendre nos nouveaux projets nous rend VIVANTS.

La nouvelle manière de fonctionner et d'entreprendre avec succès, aujourd'hui, c'est de développer un sentiment de sécurité intérieure. La nouvelle forme de sécurité, ce n'est pas d'épargner de l'argent pour vous rassurer en cas de coup dur, mais bien de savoir que vous êtes dans le flux, et ainsi de vous libérer de la pression financière que vous vous mettez sur les épaules.

Nous ne pouvons plus compter sur un patron. Nous ne pouvons plus compter sur les promesses du gouvernement, sur les retraites, ni même sur l'épargne ou les banques.

Nous ne pouvons plus compter que sur nous-mêmes et sur le divin.

Pour nous relier à ce divin et pouvoir nous sentir en sécurité intérieurement, nous devons reconnaître la possibilité et la réalité de ce lien avec le divin, et de cette **alchimie qui existe entre l'amour divin et l'argent humain.**

CHAPITRE 1
L'argent est important

Vous recevez de la vie ce que vous lui donnez.
Aussi, donnez-lui le meilleur de vous-même.

Par une belle nuit de pleine lune de la fin de l'année 2014, j'ai décidé de me lancer dans une nouvelle réflexion-inspiration sur le thème de l'alchimie entre l'amour et l'argent.

Oui, cette année-là, je voulais remettre l'amour au centre de ma vie et de mon activité, étant donné que l'amour est le pôle d'attraction de tout ce que nous désirons manifester dans notre vie.

Dans ce premier chapitre, nous allons parler plus spécifiquement de la raison pour laquelle l'argent est devenu une forme de tabou dans beaucoup de sociétés et, de façon plus marquée, en France et en Europe.

Aussi, je vous propose de « transformer » une première croyance très répandue sur l'argent : « L'argent n'est pas important. »

Premier principe de l'alchimie entre l'amour et l'argent : l'argent est important

Nous allons voir ensemble, au contraire, en quoi l'argent est important. Car l'intention de ce livre et de voyager au fil de nos croyances, c'est de vous aider à vous reconnecter à l'argent et à recréer une relation à l'argent qui soit porteuse pour chacun de vous.

Dans ce premier chapitre, vous allez comprendre pourquoi l'argent est devenu tabou et quelles sont les croyances, les peurs et les limitations qui nous empêchent d'obtenir ce que nous désirons. Vous allez également découvrir les deux sortes de lois financières que je vous propose de suivre dorénavant, pour créer et conserver votre argent, et pourquoi vous devez lâcher les croyances concernant le manque.

Je me souviens de cette période où moi-même je disais que l'argent n'était pas important. C'était au tout début de la création de mon site http://loi-d-attraction.com/, suite à une belle et grande vision de don gratuit à tout le monde. Je voulais pouvoir donner tous les conseils que j'aimais donner et enseigner tout ce que je pouvais enseigner, partager mon expérience des apprentissages et tout ce que j'avais appris dans les livres que je lisais, dans les ateliers et les séminaires auxquels j'avais assisté et que j'avais intégré dans ma propre vie. Et retirer les leçons de tout ce que j'avais appris, car j'en avais déduit certaines conclusions qui fonctionnaient bien pour moi et que je voulais offrir gratuitement.

En effet, ma croyance était que l'argent n'était pas important et que partager tous ces enseignements était important. À un moment donné, j'ai compris et j'ai remarqué que je donnais beaucoup de mon temps, de mon énergie et de mon argent aux autres, et que je ne prenais pas soin de moi-même. C'était aussi l'époque où énormément de personnes passaient beaucoup de temps à nourrir leurs blogs et leurs sites Internet par des actions gratuites. Dès lors, je suivais la tendance.

Et à un moment, je me suis rendu compte que tout cela avait beaucoup de valeur et qu'il était important que je puisse payer mes factures. Aussi, j'ai décidé de rentabiliser ce que je faisais. Je passais beaucoup de temps, j'offrais beaucoup d'énergie et surtout beaucoup de passion et beaucoup de joie, sur mon site, avec toutes les informations que j'y plaçais. Je donnais des conseils aux personnes qui m'envoyaient des courriels. Je répondais à ces courriels. Je recevais des appels téléphoniques chez moi, à la maison, car il était encore possible de me joindre, à ce moment-là. J'étais très disponible.

Et soudain, j'ai décidé que je voulais être payée pour ma passion et pour ce que je faisais. C'était précieux. C'était vraiment important. Je me suis dit *je veux participer à cette alchimie de l'argent*. J'ai donc créé un premier atelier payant pour les personnes qui étaient prêtes à investir dans leur propre transformation personnelle à travers mes connaissances, mon savoir, mon savoir-faire aussi et mon expérience.

Et c'est ainsi que j'ai commencé à apprécier mon temps, à apprécier mon énergie, à apprécier mon argent, et même à savourer tout cela.

Et ce que j'ai découvert, c'est qu'à partir de là j'ai commencé à beaucoup mieux m'aimer moi-même. Comme j'appréciais ces différents pôles de ma vie et que je commençais aussi à aimer d'autant plus l'argent, à aimer d'autant plus mon temps – mon temps libre et mon temps bien occupé aussi –, à aimer mon énergie, dès lors tous ces éléments – l'argent, le temps, l'énergie – ont commencé à prendre de la valeur et à augmenter dans ma vie. J'avais plus d'argent, plus de temps et plus d'énergie.

Le mot *« appreciate »* en anglais veut dire « prendre de la valeur ». En appréciant davantage mon temps, mon argent et mon énergie, l'argent, le temps et l'énergie prenaient plus de valeur et plus de place. Ils s'amplifiaient. Tout à coup, j'en avais plus, parce que j'avais décidé une fois pour toutes de donner ET de recevoir. Pas seulement de donner, mais aussi de recevoir, en échange de ce que je donnais.

C'est là que j'ai compris que mon amour de moi-même et mon estime de moi-même étaient complètement reliés à ma valeur financière nette, et vice versa. J'ai compris qu'il existait une réelle alchimie entre mon amour de moi-même et ma valeur personnelle et financière. Que la valeur de l'argent que j'attirais, ma valeur nette, était reliée à mon amour-propre.

C'est cela que je veux partager avec vous, dans ce premier chapitre, qui pourrait correspondre au premier mois de l'année, si vous décidez d'utiliser ce livre comme boussole pour la navigation aisée et sereine de vos eaux financières pendant les douze mois à venir.

Il est très important de reconnaître où se situe votre niveau d'amour-propre, votre niveau d'estime de vous-même et votre niveau de valeur.

L'alchimie entre l'amour et l'argent

Revenons à la période de la Grèce antique et à l'ancienne sagesse et l'ancien savoir alchimique. L'alchimie est une transformation de ce qui est matériel en quelque chose de spirituel. Et la première étape de la transformation est ce que l'on appelle « le noircissement » ou « l'œuvre au noir ».

Dans cette phase-là, vous devez savoir pourquoi vous repoussez inconsciemment la fortune que vous désirez. Il n'est pas important de passer beaucoup de temps dans cette phase de l'œuvre au noir, mais c'est intéressant de savoir pourquoi vous le faites.

Ensuite, sachez que si vous ne vous sentez pas bien dans cette phase de noircissement, c'est qu'il y a une très bonne raison, et cette raison, vous devez l'amener à la lumière. C'est l'œuvre au blanc. L'une des raisons pour lesquelles vous ne vous sentez pas à l'aise avec l'idée de la fortune, ou même avec la présence de l'argent et des richesses, vient du fait que l'argent est devenu un tabou en Europe et dans beaucoup d'autres pays dits civilisés. C'est un tabou dans beaucoup de familles. On n'en parle pas dans beaucoup de sociétés.

Le tabou de l'argent

Si vous demandez à une personne combien elle gagne, elle va vous répondre que c'est personnel, qu'elle ne veut pas en parler et que ce n'est pas votre affaire. Elle ne va pas nécessairement dire combien elle gagne, parce que l'argent est tabou. Dans certaines familles plus que dans d'autres, parler de ce que vous gagnez ne se fait pas. Pourquoi ? Parce que bon nombre de personne ressentiraient une forme de jalousie ou d'envie, si elles savaient ce que les autres gagnent. Dès lors, elles redoutent l'opinion des autres. L'argent est intime. D'autres personnes vont avoir peur d'être ridiculisées, au contraire. L'argent est un sujet très personnel, et le salaire encore plus.

Il existe tellement de croyances autour de l'argent, que certaines personnes pourraient avoir peur de ne plus être aimées si elles avaient de l'argent ou plus d'argent que quelqu'un d'autre, ou elles pourraient avoir peur d'être détestées si elles ont trop d'argent. C'est ce que nous voyons dans la société actuelle, avec le fossé qui se creuse entre les riches et les pauvres (deux étiquettes généralisatrices qui ne veulent rien dire en soi). Et nous pouvons comprendre comment ce fossé se creuse si nous nous référons à la loi de l'attraction : quelqu'un qui véhicule une attitude et une conscience de pauvreté vit dans un monde totalement différent de celui ou celle qui nourrit une attitude et une conscience de richesse, ou de grande richesse. Leurs fréquences sont tellement éloignées l'une de l'autre qu'elles ne peuvent pas vivre dans le même monde. Ce n'est pas possible.

Voilà pourquoi la relation à l'argent, et même parler d'argent, est si difficile dans nos sociétés. Cela n'a rien à voir avec l'argent lui-même. C'est le sujet de l'argent qui pose problème. En effet, chacun veut avoir de l'argent. Donc l'argent n'est pas le problème. C'est parler d'argent qui l'est.

Chacun veut pouvoir réussir professionnellement et financièrement. Cependant, tout le monde ne va pas nécessairement parler de la manière dont il attire l'argent ni du montant attiré. Ce n'est pas courant d'entendre parler de ces choses – peut-être un peu plus aux États-Unis ou dans certaines sphères de réussite, comme dans le monde du marketing de réseau, de la vente directe, car là c'est important d'obtenir un contrat à six, sept ou huit chiffres, par exemple. Le contexte encourage les agents commerciaux à dépasser leurs objectifs. Mais, dans le monde en général, l'argent est devenu un tabou. Ou, plutôt, discuter d'argent est tabou.

Nous pouvons relier cela au passé, lorsque beaucoup de familles paysannes « gagnaient l'argent à la sueur de leur front » et que l'argent était encore en espèces, échangé sous forme de pièces. L'argent était conservé à la maison, de sorte que, moins on parlait d'argent, moins on risquait de se le faire voler ou de déclencher des formes d'envie et de jalousie chez ses voisins.

Il existe tellement de raisons pour lesquelles l'argent est devenu tabou. Notre culture et notre attitude religieuse étaient dirigées vers les pauvres. L'Église louangeait les pauvres et la pauvreté. Si vous vouliez être considéré comme une bonne personne, vous deviez être pauvre. Et si vous aviez trop de richesses, vous étiez considéré comme mauvais. Et c'est encore le cas aujourd'hui, du fait de notre société très fortement imprégnée de la culture judéo-chrétienne, très culpabilisante face à la richesse, alors même que l'Église est très riche.

Il existe donc beaucoup de croyances, de peurs et de culpabilité autour de l'argent et autour de la quantité d'argent que vous gagnez, mais aussi autour des discussions financières. Heureusement que les nouvelles générations sont en train de modifier ce mode de fonctionnement. C'est une bonne chose.

« Complexe face à l'argent et à la réussite individuelle », voilà comment nous pourrions appeler cela. Et nous, les entrepreneurs sur Internet, ou même les entrepreneurs en local, nous gagnerons à être transparents, face à notre désir de réussite et surtout face à ce que nous voulons gagner.

Affirmez votre richesse

Voilà pourquoi, à travers ce chapitre, j'aimerais vous aider à affirmer la richesse que vous voulez attirer, à être totalement honnête et vrai, à l'intérieur de vous-même d'abord, et ensuite à l'extérieur, si vous décidez de le faire. Être vrai aussi dans l'affirmation de ce que vous voulez gagner et de la richesse que vous voulez attirer.

Nous pensons que nous voulons de l'argent. Nous le croyons. Or nous savons que l'argent est énergie. Et nous savons toutes les bonnes choses que nous pouvons faire avec l'argent. Et en même temps, nous nous disons continuellement *je ne peux pas m'offrir ceci, je ne peux pas me le permettre* ou *je le ferais, si j'avais l'argent.*

Chaque fois que vous dites cela, vous montez un dossier contre l'argent et contre la présence d'argent dans votre vie. Vous créez et perpétuez une espèce de cauchemar financier pour vous-même et pour votre famille. Car n'oubliez pas que vous êtes un modèle pour vos enfants. Si vous continuez à prononcer ce genre de fausses croyances, vos enfants seront imprégnés de VOTRE sentiment d'impuissance face à l'argent, ou de VOTRE focalisation sur l'absence d'argent.

Chaque fois que vous entendez parler de pollution, ou de guerre, ou d'armes qui circulent dans le monde, À CAUSE DE L'ARGENT, ou chaque fois que vous entendez parler du fait que beaucoup de travailleurs perdent leur emploi, alors que les banquiers profitent de bonus mirifiques, ET que vous sentez que c'est injuste, ou vous parlez de certains riches qui n'ont aucune éthique ou qui ne se soucient pas des finances des autres, comme Bernard Madoff, chaque fois que vous parlez de cela et que vous y portez votre attention au point de vous sentir mal, sans le vouloir vous repoussez l'argent. C'est inconscient, bien évidemment.

Soyez conscient et délibéré face à l'argent

À partir d'aujourd'hui vous voulez être conscient et délibéré dans votre comportement et votre attitude face à l'argent. Si vous vous sentez impuissant ou mal à l'aise face à l'argent – parfois nous nous sentons honteux de ne pas être capables de mieux maîtriser l'argent –, je veux vous aider à ancrer en vous-même que **l'argent et l'abondance vont entrer dans votre expérience de vie sous la forme de montants de plus en plus importants,** et que **ce sera très facile de conserver ces montants.**

Vous allez ressentir encore plus de joie en suivant les lois financières spirituelles. Vous suivez ces lois lorsque vous accomplissez le but de votre âme, lorsque vous êtes au service du

MEILLEUR en vous et du meilleur chez les autres, et aussi lorsque vous co-créez avec les autres, plutôt que d'entrer en compétition avec eux. Car chaque échange d'énergie et d'argent devient un échange gagnant-gagnant pour toutes les parties.

Vous voulez également vous assurer que la manière dont vous créez l'argent, dont vous le dépensez ou dont vous l'investissez, est totalement alignée sur le meilleur en vous et le meilleur pour tout le monde.

Alignez-vous avant tout sur le divin en vous, sur votre âme, en apprenant à maîtriser vos émotions et en suivant le flux. Ressentez quand il est juste pour vous d'entrer dans l'action et quand il convient plutôt de lâcher prise. Apprenez à équilibrer les deux : le FAIRE et l'ÊTRE.

Dès que vous arrivez à fonctionner avec plus de clarté, plus de plaisir, plus de joie, plus d'harmonie et plus d'authenticité, en ayant la conviction que tout ce qui se produit dans votre expérience de vie équivaut toujours au meilleur pour vous et pour les autres, alors vous arrivez à augmenter l'afflux de ce que vous voulez voir se manifester dans votre vie.

Voilà pourquoi vous voulez avoir une totale confiance en cet état de fait, de plus en plus chaque jour : **tout se manifeste pour votre plus grand bien**.

Ainsi, vous pouvez identifier et lâcher ce qui ne vous sert plus, pour vous ouvrir au nouveau. L'énergie universelle peut à nouveau circuler librement à travers vous car vous êtes redevenu le canal pur et transparent que vous étiez auparavant, et c'est alors que l'argent et l'abondance arrivent jusqu'à vous aisément et naturellement.

Plus besoin de dur labeur, de nombreux efforts et de luttes stériles. C'est facile et aisé. Et vous expérimentez à nouveau fraîcheur et vitalité. Et vous apportez votre MAGNIFIQUE contribution au monde, dans la légèreté et la joie.

Or manifester le but de votre âme attire encore plus d'abondance à vous.

La passion et la joie constituent le meilleur des canaux pour recevoir l'abondance car ils vous permettent, tout en faisant ce que vous aimez faire, d'apporter une grande contribution au MEILLEUR de l'humanité. Voilà le but premier de votre âme. Et l'argent en découlera et viendra à vous sans que vous y pensiez même. Cet acheminement financier sera naturel et aisé pour vous.

C'est ce que je vis depuis que j'ai commencé à enseigner ma passion pour la loi de l'attraction. Manifestez le but de votre âme, et l'argent, l'abondance et l'harmonie suivront. Aujourd'hui, beaucoup de ce que j'appelle les entrepreneurs spirituels suivent la voie de leur plus grande créativité, de leur plus grande joie et de leur plus grande vitalité, tout en croyant ne pas être capables de gagner suffisamment d'argent pour le faire. C'est une fausse croyance !

J'aimerais vous aider à croire que vous pouvez avoir une abondance d'argent en faisant ce que vous adorez, et vous aider à reconnaître que vous n'avez pas besoin de rester dans un emploi qui ne vous convient pas pour attirer l'abondance et avoir de l'argent. Je veux vous aider à faire la transition entre là où vous êtes en ce moment et là où vous voulez être.

C'est pour cela que j'ai décidé d'écrire ce livre. C'est ma mission, ici et maintenant. J'aimerais vous aider à vous convaincre que vous êtes sur une voie de développement personnel accélérée et que vous avez énormément de choses à offrir à l'humanité, que vous en soyez conscients ou non.

Pour en prendre davantage conscience, vous devez écouter la voix intérieure qui vous offre des indices importants. Et décider de réaliser le but de votre âme, ou l'œuvre de votre vie, car elle est nécessaire.

En inspirant autrui à récupérer son pouvoir, tout en œuvrant pour accomplir le but de votre âme et en faisant ce que vous adorez faire, plutôt que ce que vous pensez qui va vous apporter de l'argent, vous devenez incroyablement magnétique, pour l'argent et pour les gens.

Lorsque vous comprenez le fonctionnement de l'alchimie entre l'amour et l'argent, vous entreprenez des actions qui mènent à de plus grands résultats avec moins d'efforts. Vous serez capables d'amplifier votre capacité à attirer l'argent, à attirer des biens, à attirer des clients et des partenariats porteurs pour vous, qui vous aideront à créer une vie beaucoup plus joyeuse, harmonieuse et abondante.

C'est cela que vous voulez, et c'est ce que j'aimerais vous enseigner au fil des pages de ce livre.

Grâce à ce livre, j'aimerais vous aider à savoir comment attirer à vous ce que vous désirez en vous installant dans un état d'esprit détendu et focalisé, un état où vous vous reliez à votre âme. Dans cet état, vous pouvez plus facilement jouer avec l'énergie qui attire l'abondance.

Les lois financières

Il existe deux sortes de lois financières que vous devez suivre pour créer et conserver votre argent, car elles vous rendent magnétiques à l'argent et à l'abondance. Rappelez-vous que c'est un jeu que vous jouez. Et que l'argent qui vient à vous vous amène TOUJOURS le meilleur.

Les humains ont créé des lois financières qui concernent les placements financiers, la planification de vos dépenses financières, la gestion du temps, la gestion de la trésorerie, le marketing, comment gérer ses impôts, la planification de votre activité, etc. Il est crucial que vous décidiez d'apprendre ce qui vous aide à mieux comprendre et à mieux travailler avec ces lois créées par l'homme pour la gestion de votre argent. Bien sûr, vous pouvez vous reposer sur des comptables et autres fiscalistes.

Il est important que vous connaissiez les bases de ces lois que notre société a créées autour de l'argent, pour pouvoir être en harmonie avec ces règles. En effet, c'est l'harmonie qui vous rend attractif et magnétique. Vous devrez faire moins d'efforts et utiliser moins d'énergie pour attirer et créer plus d'argent si vous êtes en harmonie, à la fois avec les lois spirituelles et les lois humaines de l'argent. Dès lors, informez-vous sur ces deux types de lois. Dans ce livre, nous n'allons pas aborder les réglementations humaines, qui sont très bien expliquées dans les ouvrages spécialisés, ou qui peuvent vous être renseignées auprès de votre comptable, de votre fiscaliste, ou encore sur Internet.

Parallèlement à ces lois physiques, vous devez et pouvez créer de l'argent à l'aide des lois universelles et spirituelles, qui sont beaucoup plus puissantes que les lois humaines.

JEU ALCHIMIQUE

J'aimerais vous donner quelques astuces pour vous encourager à ancrer ce principe dans vos cellules dès maintenant.

Je vous propose de DÉCIDER dès aujourd'hui d'adopter ce premier principe de l'alchimie entre l'amour et l'argent en répondant aux trois questions suivantes :

1. Quelle décision prenez-vous aujourd'hui pour ressentir que l'argent est important pour vous ?
Peut-être que vous voudrez noter chaque fois que vous dites ou que vous pensez que l'argent n'est pas important, ou chaque fois que vous n'appréciez pas le fait de trouver des pièces dans la rue, ou chaque fois que vous vous en voulez de dépenser de l'argent « pour des choses qui n'ont pas de valeur ».
Prenez la décision de transformer ce comportement.

2. Qu'allez-vous faire pour ancrer ces décisions dans votre vie ?
Peut-être que vous allez ramasser ces pièces, et les placer dans votre poche avec conscience. Peut-être que vous allez vouloir affirmer à haute voix « l'argent est important pour moi » ou « j'apprécie réellement l'argent », ou « je valorise vraiment l'argent ». Ou encore vous allez décider de placer plus de conscience dans vos actions et dans vos pensées.

3. Quelle action pouvez-vous entreprendre pour vous prouver que l'argent est important pour vous ?

Entreprenez, dans les vingt-quatre à quarante-huit heures, la ou les actions qui vous sont inspirées en réponse à cette question.

Oui, l'argent est important.

CHAPITRE 2
Découvrez la monnaie de l'âme

Savoir et vous convaincre que l'argent est important est LE principe de base de la réussite de votre activité.

Dans ce chapitre, je vais vous aider à comprendre que la monnaie de l'âme existe, mais aussi pourquoi la plupart des gens ne la connaissent pas et donc ne l'utilisent pas tout le temps. Ensuite, nous allons voir comment puiser cette monnaie à la Source Universelle, et pourquoi nous pouvons être à la fois spirituel et matériel.

Ce sont des questions très importantes pour nous, les entrepreneurs spirituels. J'espère que vous obtiendrez les réponses à vos questions, dans ces pages.

L'argent est important. Ce premier principe est crucial pour toute personne qui veut développer une activité.

Pourquoi ?

Ce que j'entends le plus souvent de la bouche des entrepreneurs spirituels, c'est que l'argent n'est pas si important. Vous avez certainement déjà entendu plusieurs coaches ou thérapeutes dire : « Oh, l'argent n'est pas important pour moi. » Et ils le disent même avec un certain mépris. Si vous croyez cela, vous n'attirerez pas l'argent, car vous ne serez pas attractif pour l'argent. En effet, le message émis c'est que l'argent n'est pas important. Or nous devons ancrer profondément à l'intérieur de nous que l'argent est important pour chacun et chacune d'entre nous.

Quand ai-je rencontré ce concept de la monnaie de l'âme ? Lorsque j'ai compris que mon problème, mon obstacle ou, encore mieux, mon « contraste », c'était que lorsque je pensais à mon activité, je voulais servir, aimer et aider les autres – c'était mon côté spirituel que j'appréciais beaucoup, alors que lorsque je considérais le côté matériel de ma passion, c'est-à-dire l'argent et l'attraction de l'argent, cette partie-là, je ne l'aimais pas. Bref, je n'arrivais pas à équilibrer ces deux sphères de ma vie.

Dès lors, il y a cinq ou six ans, alors que je regardais mes chiffres et que je faisais quelques calculs pour évaluer l'évolution de mon activité, j'ai remarqué que mon chiffre d'affaires n'avait pas augmenté et que j'étais restée au même niveau, trois années d'affilée. J'étais déjà très prospère, mais mon intention était de développer mon activité. Je ne comprenais pas pourquoi je n'arrivais pas à avoir plus de rentrées. Je savais que mes croyances spirituelles face à l'argent et face à mon activité en général étaient inappropriées.

Je suis quelqu'un de très spirituel, et donc je me disais constamment que l'argent n'était pas si important, que je ne faisais pas ce que je faisais pour l'argent et que je ne devais pas cibler l'argent mais bien les gens, aimer les gens et vouloir les servir. Soudain, j'ai su que je devais transformer cette croyance et j'ai décidé de m'ouvrir à des enseignements qui m'harmoniseraient avec l'argent. Car c'était là le problème principal de mon manque d'attraction financière.

Vous savez toutes et tous, maintenant, que je suis reconnue comme une experte en loi d'attraction – on m'appelle la Reine de l'attraction. Je sais comment manifester l'argent, et en même temps j'avais atteint un plafond que je n'arrivais pas à traverser. Je me suis dit *O.K., j'accepte l'idée que, même après treize ans d'utilisation de la loi d'attraction, il me manque un élément que j'ai besoin d'apprendre.*

J'avais besoin de savoir comment utiliser autrement la loi de l'attraction, ou d'apprendre de nouveaux outils pratiques. J'ai la conviction **qu'il y a toujours un moyen aisé d'obtenir ce que je désire**. Celle-ci m'a permis de sortir de nombreuses situations complexes. C'est une de mes croyances les plus profondes, et qui m'a ouvert beaucoup de portes. « Il existe un moyen aisé d'y arriver ». Dès lors, j'ai décidé de regarder autour de moi, de faire des recherches sur Internet, pour voir qui pourrait m'aider dans ma relation avec l'argent. Dès que j'ai trouvé un panel de mentors, je me suis inscrite à un programme qui m'attirait et j'ai suivi les conseils. J'ai mis en place les outils reçus et j'ai compris : *En fait, pas besoin de choisir, je ne dois pas prendre ceci au détriment de cela, soit être spirituelle, soit vouloir gagner plus d'argent et être prospère. Non, je choisis d'adopter l'attitude de l'abondance qui dit « je prends les deux »* !

Si vous vous maintenez dans la dualité en vous demandant « ceci ou cela ? », vous êtes dans une vibration de manque ou de peur de manquer. Voilà pourquoi vous vous sentez obligé de choisir. Cela provient de notre éducation qui nous a appris à ne pas TOUT vouloir. Et pourtant, si, vous pouvez tout vouloir. Si vous admettez la présence de la vibration de manque en vous, vous pouvez alors décider de TOUT vouloir, et c'est ce que j'ai fait !

J'ai décidé de plonger dans l'abondance, et je me suis dit *à partir d'aujourd'hui, je peux avoir les deux. C'est une perspective abondante, je peux avoir les deux, et je veux avoir les deux. Je veux être à la fois spirituelle et avoir l'argent. Je veux être spirituellement ET matériellement riche.*

Un autre élément que j'ai découvert, lorsque je donne mes ateliers et mes formations, c'est que, lorsque je parle d'argent et que je dis que l'argent est la monnaie de l'âme de chacun et chacune d'entre nous, un sentiment immédiat de soulagement se fait sentir chez les personnes qui m'écoutent.

Tout à coup, c'est comme si les participants ne voyaient plus l'argent comme le mal ou le diable. Ce n'est plus une chose à repousser avec horreur. Il existe une croyance émotionnelle très lourde qui nous amène à ressentir culpabilité, a colère, rage, envie ou jalousie, face à l'argent. Ce sont ces sentiments-là que nous devons modifier, parce qu'ils sont reliés à l'argent en nous. Nous devons les changer à l'intérieur de nous. Nous ne pouvons pas modifier ces sentiments juste en regardant à l'extérieur. C'est la société ou la conjoncture EN NOUS que nous avons besoin de regarder. Et pas seulement regarder ce que font les autres ou ce que croient les autres.

Nous devons voir ce que l'argent signifie sous une autre perspective. Pour ce faire, nous avons besoin de nous élever vers une autre plate-forme de conscience, plus ouverte et plus souple, pour pouvoir voir l'argent tel qu'il est, c'est-à-dire la monnaie de notre âme.

L'argent est le moyen et le support que notre âme utilise pour pouvoir s'exprimer dans le monde physique.

Vous vous rendez compte !

Ce fut une réelle découverte pour moi, d'accepter cela. Cela m'aide à comprendre l'argent, jusque dans la plus infime de mes cellules. Imaginez posséder un type de monnaie que vous pouvez aisément échanger contre tout ce que vous imaginez, contre tout ce que vous visualisez. Imaginez aussi que cette monnaie est aussi illimitée que le pouvoir du génie d'Aladin et que, dès lors, un nombre infini de désirs vous sont disponibles, puisque son pouvoir est infini. Imaginez également que cette monnaie peut être échangée, pas seulement contre des biens matériels, comme de l'argent, des biens ou de l'immobilier, mais aussi contre des résultats positifs intangibles et vos rêves les plus fous.

Par exemple, que se passerait-il si cette monnaie pouvait remplir votre vie d'amour, ou de passion, ou de satisfaction ?

Et que se passerait-il si cette monnaie pouvait augmenter en valeur chaque fois que vous en devenez de plus en plus conscient ? Car elle « s'apprécie » (ou prend de la valeur) lorsque vous l'appréciez (ou lui donnez de la valeur) – le mot anglais explique très bien cela. Une valeur (une action, une obligation) ou une devise monétaire prend de la valeur. Elle « s'apprécie » chaque fois que nous l'apprécions.

Ou encore, que se passerait-il si cette monnaie était en circulation tout autour de vous, à tout moment ?

Est-ce que vous pouvez imaginer cela ?

Voilà la vision que j'ai envie de partager avec vous, et c'est la vision que j'aimerais que vous adoptiez à partir d'aujourd'hui, et que j'aimerais que vous ancriez dans vos cellules pour pouvoir généreusement utiliser cette monnaie pour vous-même et pour les autres. Car, lorsque vous êtes généreux, vous vous ouvrez à recevoir cette monnaie et vous la recevez plus facilement, et dès lors vous la donnez aussi plus facilement.

Est-ce que cette monnaie existe ? OUI.

L'argent et la monnaie de l'âme représentent une force bien réelle. Ce n'est pas quelque chose d'inimaginable. C'est également une force inépuisable, immensément vivante et naturelle. C'est une partie intégrante de tout ce que nous faisons, de tout ce que nous devenons et de tout ce que nous expérimentons. Et lorsque nous l'utilisons, même inconsciemment, nous éprouvons un sentiment de satisfaction et de flux aisé dans notre vie.

Tout à coup, nous manifestons nos intentions avec des résultats qui dépassent nos attentes. Parce que la monnaie de l'âme, c'est l'argent illimité, avec une vibration illimitée. Tout à coup, l'argent, l'amour, l'aide, le soutien semblent arriver très aisément jusqu'à nous. Les bonnes personnes apparaissent comme par magie dans notre vie. Nous les attirons comme si un aimant en nous les attirait vers nous.

Beaucoup d'entre vous expérimentent déjà cela à un certain niveau. Sachez que vous pouvez amplifier ce niveau. Vous voyez les choses qui arrivent aisément et facilement vers vous, une attraction aisée se met en place. Ce phénomène est magnifique. Or beaucoup de personnes ont tendance à justifier leurs résultats en disant « c'est de la chance », ou « c'est normal, j'ai travaillé dur pour l'obtenir », ou « c'est parce que j'ai des compétences particulières ». Ce sont de fausses croyances.

J'aimerais vous inviter à vous ouvrir à la monnaie de votre âme, parce que dans tout ce qui existe, il y a cette force spirituelle intangible qui est une énergie créatrice omnisciente et omniprésente.

Le terme « argent » décrit juste le mouvement de cette énergie. C'est comme un courant d'air ou un courant électrique, le courant du divin ou le flux divin. Plus cette énergie divine circule librement dans notre vie, plus nous sommes joyeux et prospères, et plus notre vie devient riche. C'est ce que nous voulons, pour nous et pour nos familles.

La monnaie de l'âme, c'est l'énergie de l'Univers qui ne peut jamais être créée ni détruite mais qui peut changer et qui change de forme constamment. Elle prend une infinité de combinaisons de formes visibles et invisibles. Et c'est là que nous accédons à la plate-forme invisible de l'énergie. Un autre terme qui décrit cette énergie, c'est l'amour, qui est la monnaie de tous les biens spirituels et que nous investissons consciemment dans différentes opportunités pratiques, comme l'entreprenariat. Nous avons tous des qualités divines, en tant qu'entrepreneurs, qui nous aident à développer un entreprenariat aimant, aligné et harmonieux. Comme l'argent, l'amour peut être donné et reçu, et il peut être ressenti.

Votre utilisation efficace de la monnaie de votre âme va dépendre de votre niveau de conscience, de sa présence et de la décision que vous allez prendre de l'investir ou pas. L'amour opère selon la loi universelle, comme tout dans le monde.

La valeur immense de nos qualités intérieures augmente au fur et à mesure que nous devenons conscients du potentiel réel de l'amour et que nous le voyons grandir lorsqu'il circule. Notre amour-propre s'apprécie lui aussi. Il s'amplifie lorsque nous en sommes conscients et que nous l'utilisons en le faisant circuler consciemment.

La signification de la monnaie de l'âme que nous voulons explorer en premier lieu, c'est la nature de l'énergie elle-même. Et la deuxième concerne le mode d'emploi pour ancrer cette énergie en vous et lui permettre de circuler avec plus d'aisance et d'abondance dans votre activité.

J'insiste toujours sur le fait que l'amour et l'argent sont totalement intégrés. Ils constituent une seule et même chose. Et c'est très important de le savoir, car lorsque vous savez comment attirer plus d'amour, vous savez comment attirer plus d'argent. Et lorsque vous savez comment attirer plus d'argent, vous êtes capable d'attirer plus d'amour. Tout est interconnecté dans l'Univers, et surtout l'amour et l'argent.

En résumé, l'amour est la monnaie créatrice de votre âme.

C'est à travers l'amour que vous créez. C'est l'essence de l'esprit qui s'offre lui-même à vous. L'amour ne vient pas réellement de vous, mais il vous traverse. Vous êtes un canal d'amour.

Dans le contexte de la monnaie de l'âme, l'amour ne doit pas être confondu avec une émotion. L'amour est plus que les différents aspects du bien-être et de la compassion que nous ressentons lorsqu'il circule à travers nous. C'est plutôt une force créatrice inconditionnelle et immense qui se relie à tout ce qui existe dans la vie, à tout ce qui est. L'amour répond à nos pensées et à nos intentions. Il est la source invisible des événements, des coïncidences et des effets que nous voyons manifestés dans le monde visible, et que nous appelons la vie.

Votre âme est le moyen qui exprime l'esprit. L'amour adore s'exprimer dans une activité qui a du sens. Voilà pourquoi nous avons décidé de développer notre activité.

Comment être plus magnétique pour attirer davantage cette monnaie de l'âme ?

Sachez que tout ce que vous avez fait jusqu'ici vous a préparé à l'étape suivante que vous entreprenez maintenant pour devenir plus magnétique face à l'argent et à l'abondance dans tous les domaines de votre vie. Dès lors, appréciez là où vous êtes arrivé, là où vous êtes en ce moment, en comprenant comment manifester ce que vous voulez.

En effet, vous avez établi les fondations qui vous permettent aujourd'hui de faire le pas suivant. Et vous avez établi ces fondations pendant des années, à travers vos expériences, votre compréhension des choses et la manifestation de tout ce que vous avez déjà obtenu. En reconnaissant combien vous avez déjà réussi et combien vous êtes déjà prospère, vous allez voir vos succès augmenter. Vous activez d'un coup le cercle virtuel de l'augmentation de vos succès et du nombre de vos manifestations.

Ne soyez pas affecté par l'économie ou la condition humaine actuelle, car lorsque vous utilisez ce principe spirituel de la monnaie de l'âme, vous pouvez créer votre propre environnement économique de prospérité et d'abondance. Et vous pouvez agir en suivant votre guidance intérieure. En faisant cela, vous réussirez toujours, peu importe la conjoncture économique. Vous ne devez pas vous laisser influencer par ce qui est extérieur à vous. Créez à partir de l'intérieur. Vous recevez à tout moment la guidance dont vous avez besoin pour recevoir tout ce dont vous avez besoin pendant ces moments de dépression économique.

Si vous voyez des personnes qui perdent leur travail ou qui perdent beaucoup d'argent, c'est souvent parce qu'elles sont en transition sur leur chemin. Ce qu'elles semblent « perdre » ne fait plus partie de leurs buts élevés. De tels événements changent leur vie pour le meilleur. Ce qui sert le but de votre âme ne vous sera pas retiré.

Beaucoup d'entre vous tentez de réconcilier voie spirituelle et argent. Beaucoup d'entre vous souhaitez que l'argent dans votre vie reflète votre intégrité et votre compassion pour les autres, à travers la manière dont vous le gagnez et dont vous le dépensez. Or vous pouvez faire en sorte que l'argent rentre dans votre vie, qu'il y circule aisément, tout en suivant votre voie spirituelle. Les deux ne sont pas antagonistes. Vous pouvez avoir l'argent. Cet argent qui viendra du fait d'affiner votre sagesse, du fait d'aider les autres et d'utiliser votre énergie à un niveau plus élevé. Pour installer plus d'harmonie en vous et autour de vous, et un état d'être beaucoup plus lumineux, faites en sorte que votre prospérité repose sur la quantité de bienfaits que vous apportez au monde.

Ce n'est pas mieux d'être pauvre, parce que souvent vous avez besoin d'argent pour pouvoir accomplir le travail de votre vie. Votre développement spirituel va augmenter votre capacité à manifester l'abondance, et votre capacité à manifester l'abondance va vous aider à répandre votre « œuvre » spirituelle dans le monde. Les deux sont liés. Vous avez besoin des deux.

L'argent est une force magnifique, et la manière dont vous gagnez votre argent, la manière dont vous l'accumulez et la manière dont vous le dépensez vont déterminer si votre argent est une force créatrice de bienfaits ou pas, pour vous et pour les autres.

Il est important d'entretenir de nouvelles pensées vis-à-vis de l'argent, qui vont l'aider à être utilisé en tant que force bienfaitrice pour la planète.

Mon intention avec ce livre, et avec vous tous qui lisez ces pages, c'est de créer un mouvement qui nous permette d'entretenir de nouvelles pensées. Parce que la forme suit la pensée. Vous avez déjà entendu parler des formes-pensées. Nos pensées prennent forme. En entretenant de nouvelles pensées sur l'argent, nous allons créer de nouvelles réalités face à l'argent, pour nous-mêmes et pour les autres. Nous aidons ainsi l'humanité à élever son niveau de conscience, face à l'argent et à l'abondance.

J'aime m'imaginer comme une station radio puissante qui envoie des idées porteuses sur l'argent et qui contribue à créer une vision beaucoup plus élevée de l'argent sur la planète. Vous pouvez commencer à immédiatement attirer l'abondance vous aussi, en lançant l'intention de devenir plus magnétique face à l'argent et à l'abondance. Votre intention de créer l'argent et l'abondance est une étape importante vers l'obtention de cette abondance. Dès lors, c'est un pas que vous devez franchir.

JEU ALCHIMIQUE

Prenez un moment, là, maintenant, pour réfléchir à vos intentions face à l'argent et à l'abondance. Avez-vous l'intention d'être abondant ? Êtes-vous prêt à devenir prospère, à recevoir TOUT ce que vous voulez, et à faire en sorte que l'argent collabore avec vous ?

Je suppose que oui, si vous lisez ces pages.

Voici l'exercice que je vous propose de réaliser, chaque fois que vous voulez attirer une certaine quantité d'argent : pensez au fait que ce montant va déterminer où vous allez vivre, et le type de maison dans lequel vous vivrez, et peut-être aussi le type d'école dans lequel vos enfants vont être envoyés, ou les voyages que vous ferez, les dons que vous offrirez, la qualité de ce que vous mangerez et des vêtements que vous porterez. **Pensez à la qualité de votre nouvelle vie**, plus qu'au montant financier que vous voulez attirer.

Une autre astuce puissante consiste à utiliser ce que j'appelle les « afformations ». Il ne s'agit pas d'affirmations ni d'informations, mais bien des affirmations qui « forment » les choses.

Plutôt que de réciter une affirmation comme « j'obtiens tout l'argent dont j'ai besoin » ou « je reçois la magnifique maison dont j'ai envie », etc., vous voulez vous demander *« pourquoi est-ce que je peux attirer ceci ? »*

Lorsque vous utilisez des affirmations, parfois votre mental ou votre intellect émet tout de suite des fausses croyances qui vous font dire *mais, je ne peux pas attirer cela ! Je ne suis pas capable de l'obtenir. Je n'ai jamais été capable d'obtenir ceci, donc pourquoi j'y arriverais aujourd'hui ?*

Vous devez contrer ces fausses croyances avec une question qui va immédiatement diriger votre intellect vers la réponse. La question à vous poser c'est *pourquoi est-ce que je peux attirer ceci ?* Cette question repose sur l'histoire d'Alice au pays des merveilles. Rappelez-vous, alors qu'Alice dit que cela ne sert à rien d'essayer, que personne ne peut croire à des choses impossibles, la Reine de Cœur lui répond : « C'est que vous n'avez pas eu beaucoup de pratique. Lorsque j'étais plus jeune, je le faisais chaque jour pendant une demi-heure. Parfois, j'arrivais même à croire à au moins six choses impossibles avant le petit déjeuner ! »

C'est ce que vous voulez faire, avant chaque petit déjeuner, vous voulez croire à au moins six choses impossibles, vous poser la question *pourquoi est-ce que je peux attirer, par exemple, dix nouveaux partenaires, ou dix nouveaux clients, ou un nouvel amoureux, ou les six chiffres cette année, ou 100 000 € ce mois-ci, voire* – pourquoi pas ? – *100 000 € ces jours-ci ?*

Ensuite, seulement, vous voulez vous poser la question *comment est-ce que je peux attirer ceci ?* Et le « comment » ne doit pas vous obséder. Vous voulez juste poser la question, et laisser l'Univers faire ce qu'il a envie d'en faire. Parce que le « comment », c'est l'Univers en action. Vous devez uniquement vous ouvrir aux possibilités. La question *comment est-ce que je peux attirer ceci ?* suit la question *pourquoi est-ce que je peux attirer ceci ?* Il existe beaucoup de raisons pour lesquelles vous pouvez attirer ceci. La question *comment est-ce que je peux attirer ceci ?* vous permet de vous ouvrir à de nouveaux canaux de rentrées et elle fonctionne magnifiquement bien.

Je vous invite à jouer au jeu de vous ouvrir à ces nouveaux canaux de rentrées, ou à ce que j'appelle des « canaux d'abondance ».

Par exemple, chaque jour, pendant vingt-et-un à trente jours, notez une phrase pour répondre à ces questions : « pourquoi je peux attirer ceci ? » et « comment je peux l'attirer ? »

Ainsi, ensemble, nous allons co-créer un nouveau vortex de manifestations incroyables.

Jouez aux jeux de ce premier chapitre. Cela va mettre en route un énorme mouvement de création et de manifestations magiques de tout ce que vous voulez pour votre activité et pour votre vie, et équilibrer le spirituel et le matériel.

Vous verrez des manifestations se produire dans le domaine de votre vie espéré, peut-être dans le domaine de votre activité, et inversement. Dès lors, restez ouverts à toutes les manifestations. Vous savez que l'Univers vous apporte toujours le meilleur. Ne croyez pas que, parce qu'une somme d'argent vous arrive par un canal privé, cela n'a pas la même importance que s'il était arrivé par votre canal d'activité ou d'emploi, et inversement. Vous devez juste être un puissant élément créateur de manifestations aisées et rapides, peu importe par quel canal cela rentre.

C'est ce que je souhaite pour vous. Prenez beaucoup de plaisir à jouer à ces jeux. Venez partager sur le forum Aficea[2] ce que vous vivez, ce que vous ressentez, ce que vous recevez, et continuons dans les chapitres à venir, à amplifier l'alchimie entre l'amour et l'argent, dans notre vie et dans notre activité.

Poursuivons notre découverte de la monnaie de l'âme.

---

[2] Aficea est l'Association francophone internationale du coaching d'entreprise abondant, fondée par Marcelle della Faille, experte en loi d'attraction et auteure de plusieurs best-sellers sur le sujet. Aficea s'adresse aux coaches débutants et confirmés, aux personnes souhaitant s'orienter dans le coaching et aux entrepreneurs souhaitant créer une activité financièrement et spirituellement abondante. Elle a pour mission d'offrir un mentorat détaillés sur la façon de générer des revenus importants en faisant le métier qu'ils aiment. Venez chercher votre tutoriel gratuit : 5 étapes pour doubler vos revenus en 60 jours maximum sur http://aficea.com/
Et venez vous présenter sur le forum Aficea et échanger avec les autres membres de cette puissante communauté délibérément créatrice : https://www.facebook.com/Aficea

POINTS ESSENTIELS À RETENIR
1er principe de l'alchimie entre l'amour et l'argent
L'argent est important

- À partir d'aujourd'hui, vous voulez être conscient et délibéré dans votre comportement et votre attitude face à l'argent.
- Ancrez en vous-même que l'argent et l'abondance vont entrer dans votre expérience de vie, sous la forme de montants de plus en plus importants, et qu'il sera très facile de conserver ces montants.
- Vous voulez transmuter votre façon de considérer l'argent.
- La solution, c'est de transmuter votre amour en argent d'abord.
- Nous, les entrepreneurs spirituels, nous sommes pleins d'amour, avant tout. Nous voulons servir, nous voulons apporter l'amour au monde, nous voulons montrer notre amour aux autres.
- Nous devons concevoir que l'argent est amour, et ensuite nous pouvons utiliser cet amour que nous ressentons tellement fort en nous pour créer et manifester l'argent dans nos vies.
- L'argent est le moyen et le support que notre âme utilise pour pouvoir s'exprimer dans le monde physique.

VENEZ TÉLÉCHARGER VOTRE BONUS

Visitez la page exclusivement réservée à vous, chers lectrices et lecteurs de ce livre :
http://faiteslapaixaveclargent.com/bonus

Téléchargez le superbe poster « Les 12 Principes de l'alchimie entre l'amour et l'argent » et son fichier audio, afin d'INSTALLER LA PAIX EN VOUS FACE À L'ARGENT et **d'activer la manifestation de vos rentrées** !

CHAPITRE 3
Prenez la responsabilité de votre réussite financière

J'aime imaginer que je suis là pour vous aider dans votre expansion spirituelle et financière, et que c'est mon rôle d'entretenir cette vision de vous, de chacun et chacune de vous en tant que personne divinement pourvue de qualités qu'il vous reste à révéler. Cela signifie que j'ai beaucoup de très belles et très riches pensées pour vous, et que je vous vois comme quelqu'un d'abondant, d'intelligent, de généreux et de libre.

Commencez tout de suite par vous dire *je suis quelqu'un d'abondant, d'intelligent, de généreux et de libre.*

Selon le deuxième principe de l'alchimie entre l'amour et l'argent : **prenez la responsabilité de votre réussite financière.**

Dans ce chapitre, vous allez comprendre pourquoi il est important d'avoir de l'argent. Je vais également vous parler de la monnaie créatrice de votre âme et comment décider de devenir abondant.

Lorsque vous n'avez pas argent, vous n'avez pas de pouvoir. Beaucoup de personnes se sentent victimes ou se culpabilisent face à l'argent. Elles ont l'impression que l'argent est comme un monstre financier. Lorsque vous jouez le rôle de la victime face à votre réalité financière, vous cédez votre pouvoir à VOTRE horrible idée de l'argent, une vision qui vous semble bien réelle. Vous la concrétiser sans le vouloir.

Or, vous savez que toute prétendue vérité dépend de l'observateur. Ainsi, il y a une quinzaine d'années, nous voulions acheter une maison, mon mari et moi-même, avec le sentiment d'être des victimes face au marché, et face à notre situation d'emprunteurs. Nous avions l'impression que nous n'arriverions pas à réaliser notre objectif ou notre rêve. Et ce n'est que lorsque nous avons pris la responsabilité de notre réussite financière, que nous avons pu récupérer notre pouvoir, de création, et décrire exactement ce que nous voulions. Dès que nous avons cessé de nous considérer comme des victimes du marché bancaire, ou de notre situation financière, ou de nos circonstances, dès que nous avons décidé d'obtenir cette maison quoi qu'il arrive – peu importe notre situation ou notre réalité, et surtout peu importe ce qu'en pensaient les autres –, nous avons vu en quelques mois tout se mettre en place pour nous aider à recevoir la manifestation. Les bonnes personnes se sont présentées pour nous aider. Les banques nous ont ouvert leurs portes. Des offres ont été réduites pour que nous puissions obtenir la maison de nos rêves. Nous avons vu des opportunités surgir et de l'argent arriver. De sorte que nous avons pu acheter notre maison idéale.

Oui, l'argent est important. Et pour pouvoir obtenir cet argent, vous avez besoin de ressentir votre pouvoir intérieur. L'argent vient grâce à ce ressenti. Vous devez expérimenter le pouvoir infini de l'harmonie pour pouvoir vous installer dans le flux de la monnaie de l'âme. Et pour comprendre la nature de la monnaie de l'âme, vous devez redéfinir votre relation aux autres et au monde autour de vous. En effet, nous avons souvent l'impression d'être séparé des autres en tant qu'êtres humains. Alors qu'il existe une vision plus globale et un niveau de connexion sous-jacent que nous pouvons nous entraîner à ressentir et auxquels nous pouvons nous habituer à nous relier.

Car toute forme de bien-être individuel encourage le bien-être de tout le monde sur la planète. Notre sentiment d'accomplissement et de complétude est un avantage pour tout le monde. Notre magnificence est un avantage pour les autres humains de la planète. Nous devons exprimer cette magnificence individuelle, et dès lors collective.

Revoyons rapidement la notion de monnaie de l'âme. Qu'est-ce que cette expression signifie ?

Vous le savez, il existe une force spirituelle intangible, qui est l'énergie omnisciente de création. Elle a toujours été là. Elle est omniprésente. Le terme « omni » décrit le mouvement de cette énergie. C'est comme un courant, un courant d'air ou un courant électrique. Ce courant divin est l'un des plus importants dans notre vie. Plus l'énergie divine circule librement dans notre vie, plus nous vivons une vie heureuse et riche. La monnaie de notre âme, c'est l'énergie de l'Univers global qui n'a jamais été créé ni détruit, une énergie qui change constamment de forme. Elle peut adopter des combinaisons infinies de formes visibles et invisibles. L'autre nom de cette énergie infinie, c'est l'amour.

L'amour est le support ou la monnaie de votre capital spirituel. Votre capital spirituel est composé de tous vos avoirs spirituels ou qualités d'abondance que vous investissez consciemment, en les utilisant dans des opportunités variées et en utilisant le cadre de l'entreprenariat, entre autres, en tant que coach, thérapeute ou entrepreneur spirituel. C'est le canal que vous avez choisi pour investir vos qualités d'abondance.

Ce que nous allons voir dans les chapitres à venir, c'est que notre utilisation efficace de la monnaie de notre âme dépend de la conscience que nous avons de sa présence dans notre vie et aussi de la manière dont nous allons décider de l'investir.

L'amour opère selon des lois universelles, et notre conviction de l'immense valeur de nos avoirs intérieurs, de nos qualités d'abondance intérieure, va augmenter avec notre conscience du potentiel réel de l'amour. Et plus nous voyons comme il grandit lorsqu'il circule dans notre vie, plus ce potentiel d'amour augmente.

Quelle est la signification de la monnaie de l'âme ?

Contrairement à la monnaie financière, la monnaie de l'âme est emplie d'intelligence, de perspectives et surtout de l'essence de l'esprit. Contrairement à la devise financière, qui représente exclusivement un symbole de valeur d'échange contre une autre valeur, pour la monnaie métaphysique il n'y a pas de limitation au niveau de l'échange. Elle est infinie. Elle peut devenir n'importe quoi. C'est le dénominateur commun à la fois de l'Univers matériel et de l'Univers invisible. La forme que prend l'amour ou la monnaie de l'âme dans votre vie et dans votre création dépend de vos pensées et de votre intention.

Nous avons tous entendu dire que l'argent ne peut pas acheter l'amour. C'est un adage connu. En fait, c'est l'inverse : l'amour ou la monnaie de l'âme peut vous aider à attirer l'argent.

Ce n'est pas CE QUE nous faisons qui nous définit, mais QUI nous devenons. La monnaie de l'âme est invisible en chacun de nous. Lorsque nous répondons à son appel et que nous agissons avec authenticité, nous prospérons. C'est là-dessus que vous devez vous focaliser à partir d'aujourd'hui : l'authenticité.

L'amour en tant qu'énergie créatrice est parfois décrit comme la première étape de l'illumination, qui est une espèce d'état de conscience éclatant, à la fois délibéré et naturel. Lorsque nous créons à travers le flux de l'amour, nous pouvons donner l'impression de créer des résultats en tant que personne, alors que nous créons à partir de la Source, de l'Unité. Nous puisons à la Source.

Lorsque nous vibrerons tous l'amour, notre monde retrouvera l'Unité. Je suis certaine que vous êtes d'accord avec moi : nous entretenons la dualité. Il y a la prospérité d'un côté et puis le manque de l'autre côté. Il y a les marchés qui grimpent et les marchés qui baissent, qui s'effondrent. Il y a le bien et il y a le mal. Il y a l'esprit et il y a le corps physique.

Or la dualité est illusion.

Il existe une intelligence sous-jacente à toute création. Cette intelligence imprègne les particules les plus infimes de l'Univers et de nos cellules, et peut se réorganiser instantanément pour répondre à nos pensées et créer une connexion à d'autres particules, peu importe les distances impliquées. C'est ainsi que ces ondes sous-jacentes à nos pensées s'agglomèrent avec d'autres ondes, d'autres pensées, et créent des courants.

Ernest Holmes, dans *La Science du Mental*[3] — que j'ai traduit et qui est publié au Dauphin Blanc, livre très puissant que je vous recommande de lire—, dit qu'il existe un esprit universel et une intelligence universelle qui sont à l'origine du temps, quand il dit que nous sommes des « centres de vie dotés de pensée, de volonté, de savoir et de conscience ». Voilà ce que nous sommes. Nous sommes entourés et immergés dans cette force. Elle traverse nos corps. Cette force pensante, cette force créatrice, en essence l'Univers, répond toujours oui à ce que nous proposons.

Dès lors, rappelez-vous que, lorsque vous doutez, ou lorsque vous pensez ne pas pouvoir réussir quelque chose, l'Univers dit toujours oui à ce que vous lui proposez. Nous ne sommes pas seulement pris dans le flux de l'Esprit, nous sommes un avec l'Esprit qui nous traverse. Le flux créateur est souvent exprimé avec des termes différents. Nous pouvons l'appeler l'inspiration, l'imagination, la conscience.

Ce flux nous traverse dans les moments qui se produisent entre la pensée et l'occupation. C'est ainsi que vous ne voulez pas être trop occupé tout le temps. Vous voulez prévoir des moments de vide entre ces moments de pensée et ces moments d'occupation. Vous voulez rester dans cet espace intermédiaire entre pensée et action. Vous devez être paisible. Vous devez prendre du temps pour vous-même, pour pouvoir obtenir ces inspirations et faire ces prises de conscience en étant relié directement à la Source.

Être dans un état de flux, c'est comme être dans le trou de cet espace intemporel entre vos pensées. En effet, la monnaie de l'âme émane de cet espace, et vous montre que faire à partir de cet espace pour pouvoir naviguer dans la vie avec efficacité — pouvoir naviguer dans cette illusion qu'est le monde matériel.

---

[3] Ernest Shurtleff Holmes (21 janvier 1887-7 avril 1960), philosophe et autodidacte, est une figure importante de la Nouvelle Pensée (*New Thought*). Il fonde en 1927 sa propre organisation, la Science religieuse. Il est également connu pour ses nombreux livres, dont son best-seller *La Science du Mental*, qui traitent principalement de la pensée positive.

Nous devons comprendre que notre capacité créatrice est une forme de co-création avec l'Univers, qui dépasse tout ce que la plupart d'entre nous avons appris dans notre enfance. Nous vivons beaucoup mieux lorsque nous suivons les appels de notre âme. Car les intentions qui viennent du cœur activent le flux de la création ; ces intentions que nous prenons le temps de ressentir parce qu'elles viennent du cœur.

C'est pour cette raison que la signification plus large du mot « prospérité » inclut, non seulement la liberté financière, mais aussi une qualité de vie qui provient de notre participation à ce monde aimant. Et, comme nous sommes des êtres fondamentalement puissants et reliés les uns aux autres, nous avons le choix de transformer consciemment les circonstances et de prospérer.

Aussi, pourquoi ne pas créer un travail ou une activité qui a du sens pour nous, et grâce à cette activité, pouvoir rire, nous amuser, et tout autant bénéficier de récompenses financières bien plus importantes que ce que le mental peut nous proposer ?

Rappelez-vous Ernest Holmes dit aussi que, lorsque nous apprenons à faire confiance à l'Univers, nous sommes heureux et prospères. Faites confiance à l'Univers. Vous savez que votre activité ou votre travail sont importants pour vous. Ils comptent pour vous. Ils occupent aussi la plupart de vos heures d'éveil. Vos pensées concernant votre activité ou votre travail peuvent même influencer votre sommeil et venir l'interrompre. Nous œuvrons dans nos activités ou emplois pendant dix heures par jour. Même si nous sommes passionnés par notre activité, nous y travaillons beaucoup. Sans tenir compte du temps que nous passons à préparer notre trajet vers le travail, par les transports en commun ou en voiture. Et puis ensuite, nous devons nous poser après le travail et nous détacher de ce temps, entre travail et foyer. Il y a souvent des moments où nous avons l'impression que le travail n'est pas fini, même le week-end.

Nous donnons tellement de nous-mêmes à notre travail. Beaucoup de personnes sont esclaves de leur emploi ou de leur activité parce qu'elles ont grandement besoin de sécurité. Et la plupart des emplois sont trop petits pour leur esprit. Pour pouvoir ressentir une forme de sécurité, la plupart d'entre nous se contentent de ce qu'ils ont : un emploi ou une relation – quelque chose qui leur est « tombé dessus » et qu'ils n'ont pas vraiment décidé.

La sécurité de l'emploi est une illusion, comme tout ce qui existe dans le monde matériel. On nous a fait croire que nous pouvions survivre avec un seul canal de rentrées. C'était peut-être vrai il y a quinze ou vingt ans, mais aujourd'hui ça ne l'est plus.

Si vous associez votre travail au besoin de créer de l'argent ou de la trésorerie pour pouvoir payer vos factures, peut-être que comme la plupart des gens vous avez oublié que vous avez toujours le choix. Vous avez toujours le choix de faire ce que vous voulez faire. Peut-être que vous avez choisi de rester dans votre emploi actuel, non pas parce que vous l'aimez mais parce qu'il vous est familier et qu'il vous permet de répondre à vos besoins financiers. Il n'y a pas de jugement à avoir à ce sujet – soyez juste conscients de ce qui se passe là pour vous.

Et même si vous appréciez certains aspects de ce que vous faites – et j'espère que c'est le cas –, vous pourriez vouloir trouver une occupation ou une activité plus satisfaisante et surtout plus lucrative. Si vous vous sentez agité dans votre vie, actuellement, ce sentiment d'agitation est souvent le signe que votre âme vous encourage à grandir. Répondez à l'appel de votre âme en poursuivant une nouvelle activité ou un nouveau type d'expression créatrice, comme l'écriture, la musique ou la sculpture. C'est un processus naturel d'alignement avec la Source.

Si vous vous sentez agité en ce moment, c'est le signe que votre âme vous invite à trouver un accomplissement plus profond à travers un emploi ou une activité qui vous satisferait davantage, un service qui aurait plus de sens pour vous. C'est le bon moment pour vous, car vous êtes prêt à vous transformer en vous ouvrant au flux de la monnaie de l'âme.

JEU ALCHIMIQUE

Dès lors, décidez, dès maintenant, de devenir abondant, quoiqu'il arrive. C'est une décision que vous prenez. C'est un choix que vous faites. L'idéal est de visualiser l'abondance pour vous-même ET pour les autres.

- Visualisez-vous avoir tout ce que vous désirez : un emploi satisfaisant, de l'argent à la banque, une relation merveilleuse…
- Et puis voyez comme cela bénéficierait aux personnes qui vous entourent. Imaginez ce qui se passerait si toutes les personnes que vous connaissez avaient de l'argent et une très belle vie.
- Enfin, amusez-vous à demander encore plus que ce que vous avez demandé jusqu'ici, pas seulement pour vous-même mais pour toute l'humanité. C'est cela l'important : vous voulez inclure les personnes de votre entourage et toute l'humanité, dans vos visualisations. Par exemple, si vous désirez, depuis quelque temps, obtenir un meilleur emploi, imaginez que toutes les personnes qui veulent avoir un meilleur emploi le reçoivent. Si vous voulez servir d'une manière beaucoup plus large et toucher plus de monde, par exemple attirer des milliers d'étudiants dans vos cours, imaginez que toutes les personnes qui demandent cette plus grande opportunité de servir à travers un plus grand nombre d'étudiants réussissent aussi à les attirer.

Ainsi, vous allez apprendre qu'il existe une réelle abondance dans l'Univers, pour tous et toutes, et cela vous aidera à vous relier à votre abondance, en envoyant des « pensées d'abondance » pour tout le monde sur la planète. En amplifiant votre pensée de cette manière, afin d'inclure les autres en imaginant leur abondance autant que la vôtre, vous vous ouvrirez à encore plus de canaux d'abondance. Vous accueillez les nouvelles voies d'abondance qui s'ouvrent à vous. C'est ainsi que vous développez la pensée illimitée.

La pensée illimitée, c'est bien plus que penser grand. C'est penser avec beaucoup de créativité. C'est vous autoriser à imaginer avoir tout ce que vous pourriez avoir, pas seulement vous mais tous les autres aussi, partout dans le monde.

Ce mois-ci, je vous invite à vous ouvrir aux « surprises universelles ». Votre être supérieur peut vous amener ce que vous désirez, d'une manière beaucoup plus vaste et bien meilleure que ce que vous avez imaginé. Dès lors, développez la confiance. Sachez que vous recevez ce qui est parfait pour vous.

Rappelez-vous aussi que ce sont les émotions derrière les pensées qui déterminent la vitesse à laquelle cela se manifeste. Si vous voulez réellement obtenir quelque chose, cette chose vous viendra beaucoup plus rapidement si vous êtes focalisé sur les émotions de plaisir et de joie de l'avoir déjà reçu, que si vous restez obsédé par le manque de sa manifestation ou de sa présence. Faites en sorte que cela soit si réel dans votre imagination que vous pourriez presque toucher ou voir ou ressentir les sentiments que vous vibrerez une fois que cette chose ou cette personne sera là. Pensez à sa manifestation fréquemment et avec beaucoup d'intensité.

Enfin, soyez prêt à lâcher ce ballon de désir que vous venez de lancer et à le laisser revenir vers vous de la meilleure des manières, selon la Source.

Pour manifester ce que vous voulez, lancez l'intention de créer cette chose ou cette relation. En d'autres termes, vous devez vraiment clarifier dans votre esprit qu'avoir ce que vous voulez est important pour vous et que vous êtes prêt à investir une certaine quantité de pensées et d'énergie dans ce mouvement de manifestation. Car **vous créez ce que vous imaginez en concentrant sur cette image votre attention et votre conscience, et en gardant cette image toujours à l'arrière-plan de votre esprit**, même lorsque vous êtes impliqué dans d'autres activités. En effet, lorsque vous vous concentrez régulièrement sur l'obtention de ce que vous désirez, lorsque votre intention est de l'avoir, et que cette intention est claire et solide, vous créez ce que vous visualisez beaucoup plus rapidement. Vous êtes beaucoup plus alerte. Vous êtes capable de tirer parti de toutes les opportunités, dès qu'elles arrivent. Vous attirez les choses avec aisance et joie.

Pensez à une chose que vous avez vraiment l'intention d'obtenir. Est-ce que vous y pensez même lorsque vous faites d'autres activités ?

Pour vous aider à entrer dans votre intention, dites-vous souvent *mon rêve devient réalité, mon rêve devient réalité, mon rêve devient réalité.*

MES ASTUCES ALCHIMIQUES

J'aimerais vous aider à comprendre que la monnaie est juste le sommet de l'iceberg, du flux et de la valeur créatrice. Parce que la monnaie change de forme et prend d'autres formes tangibles et intangibles.

En regardant votre propre vie, je vous invite à faire la liste de cinq formes tangibles et de cinq formes intangibles que la monnaie prend dans votre vie. Par exemple, ma monnaie tangible inclut des espèces, des actions et des obligations, de l'immobilier et de l'argent que d'autres me doivent (remboursements d'assurance, dettes, etc.)

La monnaie intangible prend la forme, par exemple, d'enseignements que vous suivez, d'une formation professionnelle ou d'un enseignement lié à votre vocation ou au service que vous voulez offrir. Pour moi-même, j'ai noté tous les enseignements que j'ai reçus, en plus de mon expérience, en matière de traduction (je suis traductrice professionnelle), secrétariat, coaching, et toutes les formations que j'ai accumulées au fil des années. Voilà ma monnaie intangible. Elle n'a pas vraiment de forme, mais c'est un acquis précieux. Il a de la valeur. Il y a également tous les enseignements et mes formations, et mon expérience au niveau de la loi de l'attraction, évidemment, au niveau de l'écriture, et même au niveau de la peinture et de la sculpture. Tout ce qui m'intéresse. Tout ce qui forme mes passe-temps. Mes connaissances en langues et en informatique.

Donc, notez cinq formes tangibles et cinq formes intangibles que prend la monnaie de votre âme dans votre vie. Ensuite, prenez le temps de ressentir la valeur de cette double liste de formes qu'a prise la monnaie de votre âme, cette monnaie qui est reliée à l'amour que vous vous êtes porté pour suivre tous ces enseignements et acquérir cette expérience. Cette monnaie, vous pouvez maintenant l'investir dans votre activité pour l'amplifier et lui donner une forme d'appréciation.

Rappelez-vous qu'« *appreciate* » en anglais veut dire « apprécier » ou « prendre plus de valeur ». Plus vous allez enseigner et partager cette valeur intangible acquise au fil des années, plus vous pourrez amplifier la valeur de cet acquis, de ce vécu ou de cette expérience, et en récolter les fruits sous des formes beaucoup plus tangibles d'argent, de clients inscrits à vos ateliers, de participants à vos formations, et dès lors de chiffre d'affaires. Voilà tout l'intérêt de comprendre le sens de cette monnaie de l'âme, qui n'est que le support physique pris par l'argent de la monnaie de l'amour divin ; l'amour que vous vous portez à vous-même, l'amour que vous portez aux personnes que vous voulez servir, et au monde dans son entièreté.

Relisez ce chapitre et jouez à ce jeu alchimique autant que possible, ce mois-ci. Que vous soyez débutant ou que vous soyez déjà bien installé, vous avez toujours quelque chose de nouveau à apprendre pour rééquilibrer le spirituel et le matériel. Attendez-vous à voir des manifestations se produire dans un domaine de votre vie alors que vous les attendiez peut-être dans le domaine de votre activité, et inversement. Restez ouvert à toutes les manifestations.

Vous savez que l'Univers vous apporte toujours ce qui est le meilleur pour vous. Donc, ne croyez pas que, parce qu'une somme d'argent vous arrive par un canal privé, cela n'a pas la même importance que s'il était arrivé par le canal de votre activité ou de votre emploi, et inversement. Vous voulez être un puissant créateur de manifestations aisées et rapides, peu importe par quel canal les rentrées vous arrivent.

C'est ce que je vous souhaite. Prenez beaucoup de plaisir à jouer à ces jeux et notez dans un journal ce que vous vivez et ce que vous ressentez, et bien sûr ce que vous recevez. Prenez la responsabilité de votre réussite financière

POINTS ESSENTIELS À RETENIR
2ᵉ principe de l'alchimie entre l'amour et l'argent
Prenez la responsabilité de votre réussite financière

- L'amour est le support ou la monnaie de notre capital spirituel. Votre capital spirituel est composé de tous vos avoirs spirituels ou qualités d'abondance que vous investissez consciemment en les utilisant dans des opportunités variées, et en utilisant le cadre de l'entreprenariat.
- Votre utilisation efficace de la monnaie de votre âme dépend de la conscience que vous avez de sa présence dans votre vie, et de la manière dont vous allez décider de l'investir.
- L'amour est la monnaie créatrice de l'âme. C'est l'essence de l'Esprit qui se donne à l'Univers.
- La monnaie de l'âme – ou l'amour – ne vient pas vraiment de vous. Elle vous traverse.
- C'est une forme de monnaie, parce que l'amour peut se métamorphoser en toutes sortes de possibilités diverses, tout comme une devise monétaire peut prendre différents aspects (pièces, billets, cartes bancaires).
- Contrairement à la monnaie financière, la monnaie de l'âme est emplie d'intelligence, de perspectives et surtout de l'essence de l'Esprit.

VENEZ TÉLÉCHARGER VOTRE BONUS

Visitez la page exclusivement réservée à vous, chers lectrices et lecteurs de ce livre :
http://faiteslapaixaveclargent.com/bonus

Téléchargez le superbe poster « Les 12 Principes de l'alchimie entre l'amour et l'argent » et son fichier audio, afin d'INSTALLER LA PAIX EN VOUS FACE À L'ARGENT et **d'activer la manifestation de vos rentrées** !

CHAPITRE 4
Décidez d'aimer et de respecter l'argent

Ce que vous allez apprendre dans le cadre de ce troisième principe, c'est le secret qui vous permet de recevoir aisément l'abondance et l'argent, la réponse à la question « est-ce qu'on peut aimer l'argent ? » et comment respecter l'argent, de nos jours.

En 2014, je suis allé en Normandie donner un atelier de deux heures, suite à ma conférence sur l'argent, où je transformais l'expression « l'argent est le nerf de la guerre » en « l'argent est le nerf de la paix ». Ce fut intéressant de découvrir ce lien fort entre argent et guerre. En faisant quelques recherches, j'ai découvert que cette expression s'illustrait bien lors de la Première Guerre mondiale, lorsqu'il y eut une pénurie d'argent et d'armes. Il est vrai que l'argent peut soutenir conflits et guerres, dans notre vie et dans le monde. Aujourd'hui encore, beaucoup de personnes profitent de la guerre, des combats ou des conflits pour gagner beaucoup d'argent. Dans votre activité aussi, lorsque vous pensez à l'argent, vous ressentez souvent un sentiment de conflit, de contraste ou de difficultés.

Cependant, cela ne nous aide pas à aimer l'argent et à reconnaître sa valeur porteuse dans nos vies que de nous focaliser uniquement sur cet aspect-là. Comment transformer cette expression en une expression plus avantageuse pour le monde actuel, selon laquelle l'argent serait plutôt le nerf de la paix.

JEU ALCHIMIQUE

Prenez un moment pour vous poser les questions :
- Qu'est-ce que l'argent pour moi, dans mon acti-

vité professionnelle et dans ma vie privée ?
- Comment est-ce que je me sens lorsque je parle d'argent ou lorsque je pense à l'argent ?

Prenez le temps d'observer ce qui se passe en vous puis pensez à l'idée que l'argent est le nerf de la paix. Comment vous sentez-vous, maintenant ?

L'argent est le nerf de la paix. C'est ce qui est en train de se produire de plus en plus dans le monde. Dans de nombreuses situations, de plus en plus d'âmes veulent en revenir à apprécier l'argent et à apprécier les personnes qui ont de l'argent, et à apprécier l'abondance. Cela, d'autant plus si vous êtes coach, thérapeute ou entrepreneur spirituel. Vous voulez aimer l'argent. Vous voulez que l'argent vous aime. Parce que vous avez besoin d'argent pour pouvoir exprimer votre plein potentiel.

Prenez le temps de vous arrêter devant cette phrase : « L'argent est le nerf de la paix dans mon activité », et ancrez cette nouvelle croyance dans vos cellules. Vous verrez que l'argent peut devenir le nerf d'une réelle appréciation dans tous les échanges d'énergie, de travail, de relations et d'argent que vous connaissez. L'argent peut être le nerf d'une réelle paix, et d'un vrai échange de dons, plutôt que de servir de support pour influencer, manipuler ou jalouser les autres. Vous devez utiliser l'argent avec plus de conscience pour pouvoir diffuser plus de paix et d'amour dans votre monde personnel et dans le monde plus global.

Ma question pour vous est : comment pourriez-vous utiliser l'argent pour répandre plus de paix et d'amour dans votre monde et dans votre activité aujourd'hui ?

Dans la communauté Aficea[4], tous et toutes ensemble, nous créons un vortex en développant ce genre de pensées et en

---

[4] Venez vous présenter sur le forum Aficea et échanger avec les autres membres de cette puissante communauté délibérément créatrice : https://www.facebook.com/Aficea
Ou venez lire nos articles sur https://www.aficea.com

nous posant ce genre de questions. Nous sommes en train de créer un monde où l'argent et l'amour vont de pair, et où nous avançons dans une nouvelle ère de paix, où nous réapprenons à aimer l'argent, les merveilleuses aventures qu'il nous permet de vivre et les magnifiques initiatives qu'il nous permet de prendre.

Quel est le secret qui va vous permettre de recevoir aisément abondance et argent ?

Ce secret est une décision. Une décision que vous voulez prendre chaque jour. Vous lancez l'intention au tout début de votre journée de vous aligner sur votre bien-être, et pas seulement sur vos résultats. Les résultats sont porteurs et parfaits. Nous avons besoin de chiffres devant nous pour pouvoir lancer une nouvelle intention ou préférence, mais lorsque vous ne vous focalisez que sur les résultats, votre mental ou votre intellect prend les commandes. Vous restez bloqué souvent au niveau de l'intellect pur, qui émet une vibration assez basse générant des émotions peu porteuses qui vous mènent au combat, au stress et à la fatigue. Alors que lorsque vous êtes focalisé sur le bien-être que vous voulez ressentir tout au long de votre journée, tout change. Du FAIRE, vous entrez dans l'ÊTRE.

Vous ne devez pas seulement vous focaliser sur ce que vous faites, les résultats, les objectifs, mais surtout sur ce que vous voulez ressentir, sur l'essence de votre être. Ainsi, vous quittez la vibration de manque de temps, de manque d'idées, de manque d'argent, de manque de vitalité, pour entrer dans le royaume de l'infini et de l'abondance : une abondance de temps, une abondance d'idées, une abondance d'argent, une abondance de vitalité.

Avez-vous déjà tenté d'adopter ce mode de comportement ?

Vous pouvez prendre la décision aujourd'hui de sauter d'une focalisation uniquement sur le « faire » pour entrer dans l'être et « l'être plus ». Le faire provient toujours de l'être. Si vous décidez d'être un modèle de pensée abondante et d'observation de l'abondance, des actions vous seront inspirées et vous passerez à un faire qui sera abondant car vos actions seront inspirées et donc fructueuses.

Décidez dès maintenant d'être abondant et d'observer l'abondance, dès cette décision prise.

Une autre question que je me pose souvent, et que je voudrais vous poser ici est : **est-ce que nous pouvons aimer l'argent ?**

Vous savez qu'aujourd'hui beaucoup d'entre nous pourrions douter qu'il est possible d'aimer l'argent, ou que l'argent soit « aimable ». Et pourtant, il l'est, car l'argent est aussi spirituel que tout le reste dans la vie. L'argent provient de la substance infinie, comme toute autre forme manifestée dans cet Univers. Pourquoi une planète, par exemple, serait-elle plus aimable que l'argent ? Pourquoi pourrions-nous davantage aimer le soleil que l'argent ? Pourquoi aimerions-nous plus une pierre que l'argent ?

L'argent peut être aimé, si vous vous aimez suffisamment vous-même au point de vouloir le manifester dans votre vie aisément et sans efforts, à travers votre essence et votre être, et ensuite seulement à travers ce que vous faites.

Nous entendons énormément d'horribles choses concernant l'argent. Dès lors, il est difficile de croire que nous pouvons aimer l'argent. Beaucoup de personnes dans votre vie vous pointent du doigt lorsque vous dites que vous aimez l'argent. Beaucoup vous regardent d'un drôle d'air. Et parfois nous aussi nous le faisons. Les gouvernements, en France et en Europe, et les populations vous regardent bizarrement si vous êtes riches et prospères et si vous avez trop d'argent, parce qu'ils croient que vous prenez l'argent qui leur est dû. « Les riches prennent l'argent des pauvres », c'est ce que nous entendons dire partout. C'est la croyance ou l'état d'esprit habituel de la majorité des personnes dans la société.

Mon intention est de vous aider à transformer cette attitude. Je vous aide à décider et à observer que lorsque vous aimez l'argent, l'argent vient à vous aisément. Si vous êtes pauvre ou si vous n'avez pas l'argent que vous voulez avoir, c'est uniquement parce que vous avez un état d'esprit de manque et de pauvreté. Vous entretenez une croyance de pauvreté. Nous maintenons beaucoup de croyances de manque et de pénurie autour de l'argent et naviguons souvent autour de la fausse croyance en l'injustice, de la croyance dans l'antagonisme injuste entre les riches et les pauvres.

Tout cela crée un conflit, voire une guerre intérieure, une dualité maladive, alors que l'argent est à la base un support d'unité. Si vous vous unissez au monde, si vous vous unissez aux autres, si vous vous unissez à vos clients et à quiconque vous voulez aider, alors vous commencez à voir un flux d'argent venir à vous de façon répétée et régulière. **C'est cette union et cette unité à l'intérieur de vous qui amène l'argent.**

JEU ALCHIMIQUE

Cette semaine, notez les croyances non porteuses et les peurs que vous voyez surgir dans votre quotidien, peu importe dans quelle situation – professionnelle ou personnelle. Par exemple, la croyance que les riches prennent l'argent des pauvres, que les pays riches appauvrissent les autres pays. Avez-vous constaté que les pays riches d'aujourd'hui sont les pays pauvres d'antan ? Les pays émergeants d'aujourd'hui étaient des pays pauvres avant, et inversement. L'Europe et les États-Unis ont été très riches pendant tout un temps. Or ils sont en train de s'appauvrir. Ce ne sont que des cycles d'abondance et des cycles de pauvreté qui suivent nos croyances et nos peurs.

Nous vivons ce genre de cycles dans notre vie également, où nous pouvons avoir des périodes d'affluence d'argent, de sorte que nous nous sentons bien. Nous sommes sûrs et convaincus que tout va très bien pour nous. Puis des dépenses ou des croyances surgissent et commencent à créer un cercle vicieux. Nous commençons à nous diminuer par exemple, ou à nous dévaloriser. Ou nous commençons à pointer du doigt ceux qui en ont plus que nous, ou à diminuer la valeur de ce que nous offrons et de ce que les autres offrent, en mettant en doute la qualité de ce qu'ils offrent. Ce cercle vicieux nous amène dans une nouvelle attitude de manque, et là nous recommençons à expérimenter des creux financiers.

Les hauts et les bas sont reliés aux croyances et aux émotions que nous entretenons. Il est important dès lors d'arriver à rester en harmonie avec l'argent et à trouver le moyen **d'aimer l'argent, quoi qu'il arrive**. Décidez d'aimer l'argent, même si vous ne le voyez pas assez dans votre vie, et même si vous voyez beaucoup de personnes pauvres autour de vous ou dans le monde. Aimez l'argent, quoi qu'il arrive, parce que l'argent est « aimable ». Il peut se faire aimer de vous.

Si vous détestez l'argent, il ne viendra pas jusqu'à vous. Il y a toutes sortes de niveau d'abondance dans le monde, et ils proviennent tous du niveau de votre état d'esprit face à l'abondance.

Il existe des nuances indéfinies d'abondance. **Où se situe le curseur de votre conscience de l'abondance ?** Si votre conscience de l'abondance est suffisamment élevée, vous voyez un flux d'argent rentrer de façon régulière et fluide. Alors que si votre conscience de l'abondance est très basse, vous serez plus proche d'une attitude de pauvreté et de pénurie et vous expérimenterez plus de hauts et de bas.

Les hauts et les bas, nous les expérimentons tous. Nous vivons tous des cycles d'abondance et de pénurie, dans notre vie. Et nous pouvons les expérimenter de manière à ce que les bas soient toujours plus élevés que ce que nous avions expérimenté jusqu'ici. Dès lors, ce n'est plus un problème pour nous, car nous avons toujours suffisamment de rentrées pour couvrir nos dépenses, par exemple.

C'est cela que vous voulez installer dans votre vie. Vous devez atteindre un creux toujours bien plus élevé que les moments de grosses difficultés financières. Vous atteignez ce niveau-là, lorsque vous croyez que l'argent peut être aimé. Lorsque vous prenez la décision d'aimer l'argent quoi qu'il arrive et que vous décidez que l'argent vous aime. Vous le croyez et vous vous persuadez que l'argent vous aime.

Je vous encourage à faire cela le plus possible, tout au long des journées de ce mois. Et avant de vous proposer un exercice qui va vous permettre d'installer cela dans votre quotidien, j'aimerais que vous vous posiez la question suivante : **comment est-ce que je respecte l'argent, ces jours-ci ?**

Il est tout aussi important de respecter l'argent, que de vous respecter vous-même. Parce que, **lorsque vous vous respectez, l'argent vous respecte**. L'argent est un miroir, comme tout ce qui fait partie de votre monde.

Respectez-vous, et l'argent vous respectera. Et les gens autour de vous vous respecteront aussi. Respectez l'argent, parce que l'argent est un agent magnifique et infini de l'Univers, qui fut créé par les humains pour représenter l'amour et l'appréciation qu'ils ressentent pour toute chose qu'ils reçoivent, et pour toute personne qui les aide à obtenir ce qu'ils désirent.

En tant qu'entrepreneurs, coaches, thérapeutes, artistes ou créateurs divers, nous aidons les autres à obtenir ce qu'ils désirent, et nous voulons obtenir de l'amour et de l'appréciation en retour. De n'importe quelle manière possible, que ce soit sous la forme d'argent ou sous la forme d'une accolade, d'un merci, d'un sourire. Or nous avons besoin d'argent dans la société actuelle et nous aimons obtenir de l'appréciation et de l'amour sous la forme d'argent également.

L'argent est une ressource infinie qui provient directement de la Source. Dès lors, il devrait être facile de l'obtenir sous n'importe quel montant. Il est facile à chacun d'obtenir ce qui provient directement de la Source.

Décidez du montant que vous voulez obtenir aujourd'hui, ce mois-ci ou cette année. Connaissez-vous ce montant ?

Y avez-vous seulement pensé ?

Avez-vous lancé l'intention d'obtenir un montant clair et précis ?

Ou est-ce que c'est quelque chose de vague dans votre esprit ?

Et vous savez que toute pensée ou intention vague attirera d'autres pensées ou intentions vagues, et des résultats vagues. Alors que la clarté vous apporte plus de clarté, et des résultats clairs.

Clarifiez très précisément le montant financier que vous voulez recevoir chaque jour, ou chaque mois, et certainement cette année.

JEU ALCHIMIQUE

Je vous invite à noter les noms de trois à cinq personnes avec lesquelles vous vivez une tension financière. Ce sont des personnes qui peuvent encore être présentes dans votre vie ou qui sont décédées, ou que vous n'avez plus vues depuis un certain temps.

Ensuite, notez comment chacune de ces personnes vous a aidé à faire un saut en avant.

Qu'est-ce que cette tension financière vous a aidé à comprendre et quelles décisions avez-vous prises, du fait de cette situation ?

Une fois que vous avez répondu à ces questions, notez comment vous auriez pu vous respecter davantage dans la situation.

Et comment vous décidez aujourd'hui de vous respecter davantage, vous et l'argent ?

Des réponses vont vous êtres inspirées, face à ces questions. Notez-les. Elles vont apaiser énormément de choses dans vos relations financières.

Et enfin, vous voulez remercier ces personnes pour leur présence puissante dans votre vie, et célébrer les merveilleuses prises de conscience que vous avez faites, grâce à cet exercice.

Faites la liste des moyens par lesquels vous pourrez célébrer cet exercice.

Créons ensemble, ici, la paix dans notre relation avec l'argent, à partir d'aujourd'hui, en amplifiant le sentiment d'amour et de respect lorsque nous pensons à l'argent et lorsque nous parlons de l'argent dans notre vie et dans notre activité.

Et n'oubliez pas que vous êtes quelqu'un d'inarrêtable. Une personne qui sait quelle peut tracer son chemin en regardant devant elle, quoi qu'il arrive, en aimant l'argent, et en se respectant elle-même et l'argent, quoi qu'il arrive. Décidez d'aimer et de respecter l'argent !

POINTS ESSENTIELS À RETENIR
3ᵉ principe de l'alchimie entre l'amour et l'argent
Décidez d'aimer et de respecter l'argent

- L'argent est aussi spirituel que tout le reste dans la vie.

- L'argent provient de la substance infinie, comme toute autre forme manifestée dans cet Univers.

- L'argent peut être aimé, si vous vous aimez suffisamment vous-même au point de vouloir le manifester dans votre vie aisément et sans efforts, à travers votre essence et votre être, et ensuite seulement, à travers ce que vous faites.

- Si vous vous unissez au monde, si vous vous unissez aux autres, si vous vous unissez à vos clients et à quiconque vous voulez aider, alors vous commencez à voir un flux d'argent venir à vous de façon répétée et régulière.

- Lorsque vous vous respectez, l'argent vous respecte. L'argent est un miroir, comme tout ce qui fait partie de votre monde. Respectez-vous, et l'argent vous respectera. Et les gens autour de vous vous respecteront aussi.

- Respectez l'argent, parce que l'argent est un agent magnifique et infini de l'Univers, qui fut créé par les humains pour représenter l'amour et l'appréciation qu'ils ressentent pour toute chose qu'ils reçoivent, et pour toute personne qui les aide à obtenir ce qu'ils désirent.

VENEZ TÉLÉCHARGER VOTRE BONUS

Visitez la page exclusivement réservée à vous, chers lectrices et lecteurs de ce livre :

http://faiteslapaixaveclargent.com/bonus

Téléchargez le superbe poster « Les 12 Principes de l'alchimie entre l'amour et l'argent » et son fichier audio, afin **d'INSTALLER LA PAIX EN VOUS FACE À L'ARGENT et d'activer la manifestation de vos rentrées !**

CHAPITRE 5
Aimez l'argent

Je sais que beaucoup d'entre vous vont aimer ce chapitre, parce qu'il répond à une réelle demande et à un réel besoin d'apprendre à aimer l'argent.

Vous allez apprendre le secret pour aimer l'argent, et ses conséquences intéressantes pour votre activité d'entrepreneur. Et vous découvrirez comment aimer l'argent de façon saine.

Vous le savez, beaucoup de personnes m'appellent « la Reine de l'attraction », sur le marché francophone. Et je suis de plus en plus connue en tant que Reine de l'attraction amusante, joyeuse et aisée. En effet, c'est là-dessus que je me suis focalisée ces temps-ci, et dès lors c'est ce que je génère comme vibration. Tout cela, parce que j'ai appris à aimer l'argent, et que, dès lors, l'argent m'aime.

Aimer l'argent me permet de jouer à des « jeux » avec l'argent. J'adore jouer. Mon enfant intérieur, qui refait de plus en plus surface, m'y aide. Grâce à lui, je joue avec les chiffres, avec l'argent et avec ma relation à l'argent. Je me suis créé un fichier de jeux financiers dans lequel puiser chaque jour de l'année ou chaque fois que j'en ai le désir. Ainsi, ma relation à l'argent demeure légère, joyeuse et amusante.

Grâce à cela, je ne regarde plus mes chiffres avec un sentiment de honte, de peur, de colère ou même de rage. Cela m'arrivait souvent avant, comme à beaucoup d'entre vous, probablement.

Et même lorsque les chiffres que je vois ne sont pas tels que je les souhaiterais – eh oui, cela m'arrive aussi –, j'arrive à les concevoir comme les miroirs de mon alignement ou non sur ma joie et sur l'amusement, dans mon activité et dans ma vie. Et comme je crois qu'ils reflètent cela, je peux immédiatement prendre une décision. Alors que si je les observais en me sentant mal – ce qui m'arrivait auparavant –, je n'aurais pas le pouvoir de prendre cette décision.

Voilà ce que j'ai remarqué : lorsque vous regardez vos chiffres et que vous vous sentez mal, vous retombez immédiatement sur l'échelle des émotions et vous cédez votre pouvoir à votre dialogue intérieur, qui vous dit que vous n'avez pas fait ce qu'il fallait, ou que vous n'avez pas assez fait cela. Vous avez cédé votre pouvoir aux chiffres extérieurs à vous, que vous voyez sur l'écran ou dans votre compte en banque, ou peut-être même aux pièces oubliées dans votre poche.

Personnellement, j'ai décidé une fois pour toutes, il y a quelques années, que je ne voulais plus céder mon pouvoir face à l'argent, parce que je veux le garder, je veux en être maître et le posséder. En effet, lorsque je sens que j'ai du pouvoir, je sens que je peux prendre de nouvelles décisions, et qu'à partir de ces décisions je peux passer à l'action.

C'est le mode de vie idéal des créateurs et entrepreneurs. Beaucoup de personnes, dans notre société, cèdent leur pouvoir à tellement de personnes ou de circonstances extérieures à elles, que ce soit la situation économique, les marchés financiers, l'administration, les autorités financières. Ce sont des excuses que nous utilisons inconsciemment pour céder notre pouvoir et ne pas prendre de décisions.

Ce que je vous propose ici, c'est de récupérer votre pouvoir, et une fois que vous l'avez récupéré, de regarder vos chiffres, ou ces situations stressantes qui vous prennent de l'énergie, et de considérer qu'elles viennent simplement vous montrer où vous pouvez améliorer quelque chose. Ils reflètent ce que vous savez ne plus vouloir et que vous pouvez décider de modifier.

Ces décisions vous mènent à l'action. Car dès lors que vous sentez ce pouvoir prendre plus d'ampleur à l'intérieur de vous, vous pouvez prendre de nouvelles mesures et vous vous sentez à nouveau capable de passer à l'action.

Alors que si vous vous sentez victime parce que vous entretenez de nombreuses excuses, vous ne pouvez pas vous sentir puissant et vous n'allez pas vouloir passer à l'action. C'est ce qui explique la procrastination. Et le fait que, souvent, vous ne savez même pas comment passer à l'action.

Depuis que j'ai fait ces prises de conscience et que j'ai reçu les « révélations » financières qui m'ont aidée à aimer l'argent et à jouer avec lui plutôt que d'en avoir peur, mon activité ne semble plus être juste une « activité », c'est-à-dire pleine d'« actions », pleine du faire, mais bien un espace de joie et de jeu également. Je m'amuse avec l'argent, avec mon activité, et je ne rentre pas dans l'ancien paradigme du faire-avoir-être qui, auparavant, me faisait faire un tas de choses de façon logique et rationnelle, et qui me faisait croire que j'étais très occupée, que je réussissais, et que dès lors j'étais prospère.

Encore une croyance de l'ancien paradigme, celle selon laquelle vous devez avoir un agenda plein, et être très occupé, pour justifier le fait d'être prospère ou de réussir dans votre activité. C'était l'une de mes croyances, lorsque j'ai lancé mon activité. Je croyais fermement qu'être occupée voulait dire que je réussissais. Dès lors, je faisais toutes sortes de tâches diverses, dans des domaines très différents. Et j'ai vite remarqué que les résultats n'étaient pas là, ou en tous les cas pas au niveau où j'aurais aimé qu'ils soient.

JEU ALCHIMIQUE

Ici et maintenant, je vous propose de ressentir profondément à l'intérieur de vous-même si pour vous également le fait d'être occupé ou de vous savoir occupé signifie que vous êtes prospère ou que vous serez prospère dans un futur proche. **Reliez-vous le succès à venir, au fait d'être très occupé ici et maintenant ?**

Si oui, sachez que lorsque vous êtes occupé, vous n'êtes pas prospère dans l'instant, donc vous ne créez pas la prospérité pour l'avenir. L'ancien paradigme vous dit que vous devez être occupé à « faire » beaucoup de choses, ici et maintenant, pour pouvoir « avoir » quelque chose (de l'argent, des résultats), pour pouvoir enfin « être » heureux, ou riche, ou abondant, ou prospère. C'est le paradigme faire-avoir-être.

Dans le nouveau paradigme, où je vous invite à vous installer, il s'agit de partir de l'état d'être heureux, joyeux et léger, ici et maintenant. C'est un choix que vous faites. Ensuite, vous vous sentez inspiré à entreprendre (faire) des actions d'une certaine manière, et vous obtenez (avoir) ce que vous voulez : l'argent, les résultats, l'activité prospère. Tel est le nouveau paradigme, bien plus facile à mettre en œuvre, bien plus amusant et bien plus abondant et prospère que l'ancien paradigme.

Dans ce nouveau paradigme, votre activité n'est plus constituée uniquement d'actions ou d'activité, de faire. C'est plutôt un état d'être qui s'installe. Une « essence ». Et avoir une activité aisée et amusante est beaucoup plus gratifiant que d'avoir juste une activité qui vous maintient occupé.

Voilà ce que je désire pour vous également, et pour tous les créateurs et les entrepreneurs de la planète. Imaginez dès maintenant une Terre où chaque créateur « joue » avec ses intentions, ses objectifs, ses résultats, ses clients et ses chiffres.

Nous ne sommes pas « sérieux » à ce sujet. Oui, nous sommes sérieux à l'idée d'atteindre nos objectifs, d'obtenir nos résultats et de lancer nos intentions, mais nous n'en sommes pas obsédés. Nous lançons des intentions et ensuite nous les laissons faire leur chemin dans l'Univers. En sachant que l'Univers en prend soin.

Imaginez un endroit où tout le monde utiliserait ce nouveau paradigme pour son activité ou sa vie. C'est ce que je vous propose dans ce livre. Nous créons le plus beau des mouvements, celui d'un entreprenariat amusant et abondant. Et comme nous sommes des entrepreneurs heureux, joyeux et légers, nous sommes les plus abondants sur la planète.

C'est mon rêve pour chacun d'entre nous, aujourd'hui.

Rappelez-vous que vous voulez apprendre à aimer l'argent, parce que vous savez ce que l'argent peut faire pour vous. Vous savez comment vous vous sentez en tant qu'homme, femme, créateur ou coach, thérapeute ou entrepreneur, face à l'argent. Vous savez comment vous vous sentez en tant qu'homme ou femme qui s'installe dans son pouvoir face à l'argent. Et ce sentiment vous donne le courage et la confiance de développer votre activité. Une activité qui sert et qui aide plus de personnes encore, qu'elles soient clientes ou membres de votre équipe, ces personnes à qui vous donnez du travail. Imaginez comme vous pourriez vous sentir fier d'être capables de donner du travail à des personnes.

C'est cela **le sentiment d'expansion**. L'expansion aisée provient de l'alignement sur ce qui vous plaît le plus. Si votre situation financière ne vous plaît pas, il est difficile pour vous de vous sentir en expansion. Vous pourriez plutôt avoir l'impression de vous rétrécir, de vouloir plaire et de rester petit pour plaire, plutôt que de vous développer pour pouvoir briller.

Vous devez briller. Par nature, vous voulez partager et croître. L'expansion provient de ce désir de briller, de partager et d'aimer.

Le secret pour aimer l'argent, c'est que vous vous sentiez bien. Vous devez aimer l'argent, parce que vous devez vous sentir bien pour briller et grandir. Que votre première intention chaque matin, ou chaque soir, soit une intention de bien-être, quoiqu'il arrive.

En vous sentant bien, vous vous ouvrez toutes les portes. Votre intention de bien-être vous fait vouloir aimer l'argent, parce que lorsque vous aimez l'argent, vous vous sentez bien.

L'argent est l'un des sujets les plus cruciaux, face auquel la plupart des gens sur la planète se contractent et se referment. Ils sont stressés face à l'argent.

Si vous décidez d'aimer l'argent et que vous arrivez à vraiment l'aimer, vous garantissez de vous sentir bien la plupart du temps. Dans tous ces moments où vous parlez d'argent, et où vous pensez à l'argent, vous vous sentirez bien parce que vous l'aimerez.

La conséquence du fait d'aimer l'argent sur votre caractère et sur votre activité d'entrepreneur, c'est que cela vous donne le courage et la confiance de développer votre activité.

Aimer l'argent est une sorte de pacte que vous signez avec l'argent.

C'est un pacte selon lequel vous lui dites que vous allez toujours vous sentir bien quand vous penserez à lui, quand vous en parlerez. Et donc que vous aurez du courage. Vous développez le courage et la confiance d'amener votre activité au niveau suivant. Ce n'est possible que si vous faites la paix avec l'argent dans votre vie.

Aimer l'argent vous aide à faire la paix avec lui, avec quiconque vous doit de l'argent, ou quiconque à qui vous devez de l'argent, ou avec toute administration ou autorité financière que vous méprisez du fait de circonstances qui ne vous plaisent pas. Aimer l'argent vous aide à faire la paix avec ces personnes, ces circonstances et vos expériences financières passées.

Voyons maintenant **comment aimer l'argent de façon saine**.

Nous connaissons tous cette citation qui dit « aimer l'argent, c'est mal », ou « l'argent, c'est le diable ». Vous l'avez certainement entendue des centaines de fois dans votre vie.

Aimer l'argent pour l'argent peut nous guider vers des sentiments et des circonstances qui peuvent nous inciter à voler de l'argent à quelqu'un, ou à en vouloir à quelqu'un parce qu'il est plus riche que nous ; toutes ces émotions très basses et très lourdes que vous pouvez ressentir si vous aimez l'argent pour l'argent.

Or, **aimer l'argent pour ce qu'il vous aide à faire, et pour tout ce qu'il ouvre devant vous**, est la meilleure décision à prendre. L'argent ouvre tellement de portes, lorsque nous l'aimons. Il nous rend libre. Il nous permet de nous sentir puissant.

Aussi, comment aimer l'argent aisément et sans efforts ? **Comment aimer l'argent de façon saine ?**

En jouant avec lui. Laissez votre enfant intérieur imaginer les jeux les plus amusants, et ensuite jouez-les. Jouez comme un enfant et ne laissez pas votre adulte ou votre censeur intérieur vous empêcher d'être « aimant », léger ou joyeux avec l'argent, ou avec les tâches sérieuses de votre activité. Vous pouvez être « sérieux » en tant que créateurs et entrepreneurs, et en même temps être plus « joueur » avec vous-même en tant qu'entrepreneur. Jouez davantage dans votre vie d'entrepreneur.

Je le fais moi-même tout le temps. Chaque jour, je me trouve deux ou trois manières de jouer avec l'argent, avec mon activité, avec les chiffres, avec mes clients. Et j'adore enseigner le jeu, parce que je vois que, même si je suis une dirigeante, une entrepreneure et une créatrice très sérieuse, et si j'ai des objectifs sérieux, lorsque je joue dans mon activité, lorsque je joue avec moi-même et l'image que je me fais de moi-même, j'obtiens de meilleurs résultats : le nombre de clients que j'ai l'intention d'attirer vient à moi, ou la quantité d'argent désirée m'arrive.

C'est la différence entre « être trop sérieux » et « être trop joueur ». Vous voulez créer une harmonie entre ces deux états d'être.

Être sérieux : lancer des intentions, lancer un désir chiffré, un désir très tangible.

Et en même temps, jouer avec les résultats, jouer avec le processus de manifestation.

Et là, les résultats viennent plus vite et s'amplifient. Ils deviennent beaucoup plus importants.

JEU ALCHIMIQUE

Je vais maintenant vous offrir un **exercice** pour transformer votre sentiment d'impuissance en un sentiment de puissance, face à l'argent. C'est un exercice très agréable. Prenez le temps de réaliser cet exercice très simple par écrit.

- Faites une liste de citations que vous avez entendues de la bouche de vos parents ou des autorités qui vous entourent, lorsque vous étiez plus jeunes, concernant l'argent. Des citations qui vous donnent l'impression

d'être victimes, qui vous retirent votre pouvoir. Vous verrez que beaucoup de citations vous placent très vite dans un sentiment d'impuissance, comme par exemple « l'argent est le nerf de la guerre ». Une autre citation peut être que « l'argent ne fait pas le bonheur » ou que « l'argent ne rend pas heureux ». C'est une citation très courante.
- Transformez ces citations aliénantes en citations puissantes.

Ce que j'ai observé, c'est que dans « l'argent ne fait pas le bonheur » ou « l'argent ne rend pas heureux », c'est l'inverse que vous devez mettre en place. En effet, c'est le bonheur qui vous fait créer l'argent. C'est le bonheur qui crée votre argent.

Pouvez-vous imaginer ce que cela donnerait si tout le monde pouvait croire cela ? C'est très simple : vous avez juste à décider d'être heureux, et l'argent se manifeste à vous. Il est très profond et très puissant de modifier les citations que nous avons entendues tellement de fois et qui nous ont imprégné de manière non porteuse, en de nouvelles citations que nous pouvons incarner encore plus et transmettre à nos enfants, ou aux enfants des autres, et aux personnes qui nous entourent. Et c'est amusant de jouer avec ces citations.

L'argent ne fait pas le bonheur, car c'est le bonheur qui le crée. Cela, c'est sûr. C'est ce qui se produit dans ma vie. C'est mon bonheur et ma joie qui créent l'argent.

Il existe d'autres citations financières à transformer. Je vais vous en offrir une petite liste, et vous pourrez y ajouter vos propres citations. Amusez-vous à les transformer.

Par exemple, « l'argent est la cause de tous les maux ». Comment pouvez-vous transformer cette citation ? Dans ce cas-ci, c'est l'amour de l'argent qui est la cause de tous les maux.

« L'argent ne pousse pas sur les arbres. » Et si l'argent pouvait pousser sur les arbres ? Imaginez cela. Jouez avec cette image et voyez ce que cela crée comme sentiment en vous, ce que cela vous donne comme idées et comme nouvelles intentions, comme nouveaux désirs.

C'est un type de jeu très profond que je vous propose. Il va vous aider à transformer votre conscience financière, et dès lors la conscience financière de la planète, puisque cela commence par vous.

Une autre citation : « le client est roi ». Vraiment ? Est-ce ce que vous voulez ? Que votre client soit le roi ?

Je dirais *oui, j'aimerais que mon client soit roi, s'il me traite comme une reine, bien sûr*.

La citation suivante pourrait être « l'homme doit gagner sa vie à la sueur de son front ». C'est une citation de la Bible. Comment voudriez-vous modifier cette citation pour qu'elle soit plus puissante pour vous ?

Une autre encore : « vous devez gérer votre argent en bon père de famille ». Cela veut dire avec une attention raisonnable et avec diligence. Jouez avec cette citation, et vous serez étonné de ce qui va ressortir de votre désir de transformation de ces citations en des affirmations beaucoup plus porteuses.

Pourquoi continuer à croire tout ce que la société du passé a voulu nous faire croire ? Et si c'était devenu obsolète aujourd'hui ?

Laissez-vous inspirer de nouvelles phrases à transformer en affirmations plus puissantes pour vous, pour votre famille, pour vos enfants et pour toute la société. Créons ensemble amour et abondance tout autour de nous, grâce à ce jeu.

Venez raconter sur le forum Aficea[5] comment vous vous en sortez et quels sont les nouveaux jeux que vous vous créez. Jouons ensemble à transformer la relation planétaire à l'argent et à l'abondance. Aimez l'argent !

---

[5] **Venez échanger avec les autres membres de cette puissante communauté délibérément créatrice :** https://www.facebook.com/Aficea

POINTS ESSENTIELS À RETENIR
4e principe de l'alchimie entre l'amour et l'argent
Aimez l'argent

- Aimer l'argent est une sorte de pacte que vous signez avec l'argent.
- C'est un pacte selon lequel vous lui dites que vous vous sentirez toujours bien en pensant à lui, en parlant de lui. Et donc que vous aurez du courage. Vous développez le courage et la confiance d'amener votre activité au niveau suivant. Ce n'est possible que si vous faites la paix avec l'argent dans votre vie.
- Aimer l'argent vous aide à faire la paix avec lui, avec quiconque vous doit de l'argent, ou quiconque à qui vous devez de l'argent, ou toute administration ou autorité financière que vous méprisez, du fait de circonstances qui ne vous plaisent pas. Aimer l'argent vous aide à faire la paix avec toutes ces personnes, ces circonstances et vos expériences financières passées.
- Aimer l'argent pour ce qu'il vous aide à faire, pour tout ce à quoi il vous ouvre, est la meilleure décision à prendre.
- L'argent ouvre tellement de portes, lorsque nous l'aimons. Il nous rend libre. Il nous permet de nous sentir puissant.

VENEZ TÉLÉCHARGER VOTRE BONUS

Visitez la page qui est exclusivement réservée à vous, chers lectrices et lecteurs de ce livre :
http://faiteslapaixaveclargent.com/bonus

Téléchargez le superbe poster « Les 12 Principes de l'alchimie entre l'amour et l'argent » et son fichier audio, afin d'INSTALLER LA PAIX EN VOUS FACE À L'ARGENT, et **d'activer la manifestation de vos rentrées** !

CHAPITRE 6
L'argent vous permet de faire des dons

Je suis très heureuse de vous retrouver au fil de ces chapitres pour partager avec vous ces concepts que j'applique moi-même chaque jour et qui m'apportent des résultats très puissants et très intéressants dans mon évolution personnelle.

Le cinquième principe de l'alchimie sacrée entre l'amour et l'argent s'intitule **L'argent vous permet de faire des dons.** Ainsi, il recrée le lien entre l'amour que vous éprouvez pour les services offerts par vos organisations de charité préférées, et l'argent que vous recevez et auquel vous vous ouvrez.

Dans ce chapitre, je vais vous expliquer pourquoi il est important de donner. Ensuite, nous allons aborder l'idée de la « suffisance épanouie », et pourquoi il est important de vibrer la surabondance. Enfin, nous allons voir comment entretenir un état d'être reconnaissant et plein d'appréciation, tout au long de vos journées. Vous ressentirez un véritable sentiment de bonheur, parce que l'argent remplit votre cœur de gratitude et vous permet de vous sentir sur la voie que vous avez choisie.

Lorsque vous aimez respecter l'argent, vous ne pouvez que l'apprécier, puisqu'il vous permet de faire beaucoup de choses. Et vous aimez le voir « s'apprécier », prendre de la valeur et donner de la valeur aux autres, et au monde. Vous pouvez prendre soin de lui et le nourrir, pour lui permettre de grandir.

Nous avons vu que l'argent est important parce qu'il vous aide à accomplir de grandes choses pour vous et pour les autres. C'est pour cela qu'il est important de l'aimer et de le respecter l'argent. Ensuite, donner, est un autre élément essentiel pour votre bien-être.

Être au centre même de toute prospérité et de toute abondance, c'est changer votre focalisation pour en arriver à donner et à donner plus encore. C'est cette action plus que toute autre qui va mettre en mouvement une réaction en chaîne d'abondance dans votre vie. Cette action est un acte d'abondance bien plus qu'une action qui mène à l'abondance. Parce qu'il est impossible de donner sans vous rendre compte que vous avez déjà quelque chose. Si vous avez quelque chose à donner, c'est que vous êtes déjà abondant. Vous devez reconnaître cette abondance.

Décider de donner est une manière de reconnaître l'abondance qui est déjà là pour vous. Il ne s'agit pas de donner pour recevoir, parce qu'il ne s'agit pas vraiment d'un don dans ce cas, c'est juste un échange ou un achat. Il ne s'agit pas non plus de donner par devoir ou par obligation – *je dois... il faut*. Non. Il s'agit de donner parce que vous voyez que vous avez quelque chose à donner, que ce quelque chose soit petit ou grand.

Vous donnez, parce que l'acte de donner vous relie à votre expérience de l'abondance et de la prospérité, et l'amplifie. Vous vous sentez plus prospère, plus puissant, plus libre, plus joyeux, plus satisfait. Il s'agit de donner pour vous libérer des chaînes mentales du manque, de cette façon de penser qui vous fait croire qu'il n'y a jamais assez. C'est un mode de penser qui vous maintient coincé dans le cycle du manque.

La plupart des gens veulent donner, mais ne le font pas parce qu'ils pensent qu'ils n'ont pas assez à donner. Changez votre focalisation et voyez ce que vous avez, ici et maintenant, que vous pouvez donner. Peut-être qu'il ne s'agit pas de 150 € tout de suite mais de 0,25 €. C'est parfait ! Affirmez l'abondance de ces 0,25 € et faites un don à quelqu'un pour augmenter l'abondance de ces centimes.

Et peut-être que vous n'avez pas plusieurs journées à offrir comme bénévole à une association caritative, mais que vous pouvez donner une heure de votre temps.

Ou peut-être que vous connaissez des voisins qui bénéficieraient de votre aide ou à qui vous pourriez apporter un repas ou consacrer un peu de votre temps.

Bref, assurez-vous de donner pour exprimer l'abondance que vous avez dans votre vie. Et faites-le anonymement. Ainsi, il n'y a pas d'attente consciente ou inconsciente d'une réponse quelconque, d'une forme de reconnaissance ou d'attention pour le don que vous faites.

C'est ce que j'aime faire régulièrement. Par exemple, je prends un billet de cinq euros ou de dix euros, et je le place dans une enveloppe. Puis j'ouvre l'annuaire et je choisis plusieurs noms au hasard de personnes à qui j'envoie ce billet avec une phrase qui dit « Je partage avec vous un peu de mon abondance », ou « J'espère que ce don inattendu vous bénira aujourd'hui ». Je ne signe pas, évidemment, et j'adresse l'enveloppe sans adresse de retour. Je la timbre et la dépose dans la boîte aux lettres.

C'est donner juste pour donner, et c'est aussi donner pour vibrer le sentiment du don. Vibrer l'abondance que me procure le fait de donner.

Posez-vous la question : qu'est-ce que j'ai là, en ce moment, au niveau temps, au niveau argent, énergie, attention, aide ou petit mot, ou cadeau, que je peux donner aujourd'hui ? Et qu'est-ce qui va me faire sortir de ma zone de confort et m'aider à entretenir mon muscle du don, aujourd'hui ? Comment est-ce que je pourrais pratiquer le fait de donner de manière nouvelle ?

Peut-être que vous dire que vous avez assez pour donner est une manière nouvelle pour vous d'oser faire ce pas. Est-ce que vous êtes prêts à donner aujourd'hui, et donc à éprouver ce sentiment d'abondance que le don vous offre ?

Donner est une action qui nous relie à l'abondance. En même temps, cette action crée une ouverture à plus d'abondance, une ouverture pour que plus d'abondance puisse entrer et circuler dans votre vie.

Le fait d'entrer dans cette expérience du don vous permet aussi de mieux comprendre et de mieux déterminer votre niveau de « sobriété heureuse », ou de ce que j'appelle la **suffisance épanouie**. C'est l'état d'être, où vous avez dépassé le

« juste assez » pour avancer vers le « plus qu'assez » qui vous mène à l'épanouissement total. Le plus qu'assez étant un certain montant ou un certain style de vie qui correspond exactement à ce que vous appelleriez une forme de luxe pour vous, c'est-à-dire un style de vie où vous avez la tranquillité d'esprit, où vous avez tout ce dont vous avez besoin quand vous en avez besoin. Vous pouvez faire face à toutes les situations matérielles.

La définition de la suffisance épanouie, c'est l'état d'être où vous vous sentez totalement bien, et où vous n'avez besoin ni de plus ni de moins. Vous êtes dans le flux de l'argent qui rentre quand vous en avez besoin, et qui sort quand vous êtes prêt à le laisser sortir. Le niveau où le cycle du don et de la réception est fluide. La fluidité est pour moi une forme de sobriété épanouie.

En revanche, vous ne devez pas en arriver à juger votre niveau de suffisance, ni vous culpabiliser de vouloir plus (*je ne devrais pas vouloir plus, parce que, regardez, tous ceux qui meurent de faim*). En effet, il est important de vibrer une forme de surabondance pour pouvoir recevoir plus et vous installer dans le flux de ce confort magnifique et de cette fluidité désirée. Sinon vous risquez de vivre ce qu'expérimentent beaucoup de personnes – entre autres, les coaches, les thérapeutes ou les entrepreneurs spirituels – qui arrivent à se créer un flux de ce que j'appelle le « juste assez » : *J'ai juste assez pour payer mes factures ; dès lors, si tout à coup ma voiture tombe en panne, ou si je reçois une facture qui n'était pas prévue, je suis de nouveau dans les ennuis, ou les creux financiers, et des montagnes russes émotionnelles très difficiles à gérer.*

Vibrez la surabondance

Vibrez l'abondance qui est déjà là, pour pouvoir commencer à donner. Je vous conseille de donner environ 10 % de vos rentrées. Vous pouvez commencer à 1 % et puis augmenter le pourcentage, une fois que le rythme et l'élan sont lancés. Cependant, vous voulez donner une partie de l'abondance qui vous arrive, avec la conviction d'avoir un surplus. C'est une manière de dire à l'Univers « j'ai plus qu'assez d'argent » et d'affirmer votre conviction qu'en ressentant ce surplus d'argent vous vous ouvrez à recevoir les surplus que l'Univers vous apporte. C'est pour cela qu'il est important de le décider, ici et maintenant.

Peu importe combien de rentrées vous avez tous les mois, commencez à donner. Je suis en train de lire la biographie de David Rockefeller, ce milliardaire philanthrope, issu de cette grande famille américaine qui a eu de nombreux problèmes de réputation, entre autres. Ce qui est intéressant, c'est de voir que le patriarche de la famille Rockefeller a commencé, du fait de sa religion, à faire des dons dès son plus jeune âge. Il a également, très jeune, commencé à recevoir de l'argent pour ce qu'il fabriquait de ses mains. S'il récoltait, par exemple, 3,50 $, il donnait 10 % du montant à son église. Et il a toujours fonctionné comme cela. C'est fascinant de voir que cette habitude lui a permis, selon ses dires, d'être toujours dans la fluidité. Par ailleurs, ses enfants et petits-enfants disent que l'argent est comme l'eau ou l'oxygène. On n'en parle pas parce qu'il est évident qu'il y en aura toujours.

C'est à cela que vous voulez arriver. C'est cela la sobriété épanouie, c'est arriver à ne plus avoir besoin de parler d'argent avec une émotion négative ou désagréable parce qu'il coule tel un flux dans votre vie. Vibrer la surabondance est une façon d'exprimer que vous avez plus qu'assez. Et vous pouvez le faire, même si une partie de vous se demande si ce n'est pas de trop. Commencez à donner 1 % de vos rentrées, et vous verrez que cela changera votre manière de voir les choses. Vous vous sentirez beaucoup plus abondant.

Ensuite, grâce au sentiment de gratitude que vous ressentirez à pouvoir donner cette somme, vous remonterez automatiquement sur l'échelle des émotions. Cette gratitude et cette reconnaissance se transformeront en appréciation régulière ou en habitude d'apprécier. Or, rappelez-vous que le mot *« appre-*

ciate », en anglais, veut dire « prendre de la valeur ». En effet, l'argent prend de la valeur quand vous le placez sur un compte et qu'il y a un pourcentage d'intérêts qui vous revient. Il prend de la valeur lorsque vous achetez un bien immobilier, etc.

L'argent prend de la valeur parce que vous l'appréciez.

Vous l'appréciez pour tout ce qu'il vous permet de faire, et certainement parce qu'il vous permet de faire des dons à vos associations favorites.

Bref, il est important de vibrer la surabondance. Personnellement, j'ai enclenché le processus du flux et de la fluidité accrue dans mon activité grâce à l'augmentation de mes rentrées mensuelles suite à ma décision de faire un don chaque semaine. Dès le lundi, je mets cela en pratique en faisant le bilan de l'argent qui est rentré la semaine précédente. Puis je donne 10 % à l'une ou l'autre association que j'apprécie. Grâce à ce don, je sens que je rentre dans un sentiment de surabondance. J'apprécie le fait d'avoir attiré ces montants. Je me connecte aux personnes par lesquelles l'argent est arrivé.

Car, vous le savez, **l'argent, c'est l'art d'être en relation avec les gens**. Dès lors, je me connecte par le cœur et l'âme à ces personnes. Je les remercie. Je les apprécie, et par ailleurs, le fait de faire ce don m'installe tout de suite dans une merveilleuse vibration pour la semaine qui commence. Cela me permet de déterminer mes objectifs de la semaine à un autre niveau de vibration et de fréquence.

JEU ALCHIMIQUE

Je vous encourage maintenant à vous poser plusieurs questions importantes.

1. Est-ce je fais des dons d'argent ?
Regardez si vous avez l'habitude de donner de l'argent et, sinon, décidez quand, comment et quel montant vous voulez donner dorénavant, et à qui. Choisissez les associa-

tions auxquelles vous avez envie de donner votre argent, ou une église ou un cercle de pensée qui vous soutient. Puis rédigez le chèque et envoyez-le, ou faites le virement, ou aller à l'église et déposez votre don dans le tronc. Faites ces dons avec amour. Faites ces dons avec appréciation pour cet argent que vous avez à donner, et bien sûr pour les personnes qui vont en bénéficier.

2. Quand vous donnez de l'argent à un mendiant, dans la rue, ou si vous faites un don à quelqu'un, demandez-vous « comment je me sens en donnant cet argent ? »

Il est important de ressentir cette surabondance. Il est important de vous sentir bien quand vous le faites. Si vous donnez à un mendiant parce qu'il le faut, ou pour apaiser votre conscience, votre vibration n'est pas porteuse pour vous ni pour le mendiant. Si vous vous dites *je dois donner* ou *il faut que je donne si je veux être dans la fluidité*, trouvez le moyen d'avoir envie de donner.

3. Une troisième question à vous poser pour vous faciliter la tâche, serait « où est-ce que je donne aisément de l'argent ? À qui est-ce que je donnerais aisément de l'argent ? »

Choisissez la personne, l'association ou l'église à qui le fait de donner cet argent va vous permettre de vous sentir tellement bien que vous aurez envie de le faire chaque semaine ou chaque mois. Ainsi, vous verrez ce qui soutient votre passion de donner régulièrement.

Personnellement, je me suis prévu un moment pour me poser ces trois questions, tous les lundis. En tant qu'entrepreneur, cela change tout. Vous ne commencez pas la semaine en vous disant *comment est-ce que je vais attirer de nouveaux clients ?* ou *comment est-ce que je vais attirer l'argent ?* Vous êtes déjà dans le cycle de don et de la réception de l'argent. Vous êtes dans la fluidité magnétique.

Vous rentrez dans la conviction que l'argent est comme

l'air, l'oxygène ou l'eau. Il circule aisément et facilement, malgré les obstacles, et il les contourne. Il trouve toujours sa voie, il trouve toujours le moyen de circuler. Voilà ce que je vous invite à installer dans vos cellules en tant que créateur, coach ou entrepreneur.

Jouez beaucoup avec cela. L'argent vous permet de faire des dons et d'être un aimant puissant.

POINTS ESSENTIELS À RETENIR
5e principe de l'alchimie entre l'amour et l'argent
L'argent vous permet de faire des dons

- Décider de donner est une manière de reconnaître l'abondance qui est déjà là pour vous.
- Il ne s'agit pas de donner pour recevoir, parce que ce n'est pas vraiment donner, dans ce cas, c'est juste échanger ou acheter. Il ne s'agit pas non plus de donner par devoir ou obligation – *je dois… il faut*.
- Il s'agit de donner pour se libérer des chaînes mentales du manque, de cette façon de penser qui nous fait croire qu'il n'y a jamais assez. C'est un mode de pensée qui vous maintient coincé dans le cycle du manque.
- Le fait d'entrer dans cette expérience du don vous permet de mieux comprendre et de mieux déterminer votre niveau de « sobriété heureuse », ou de ce que j'appelle la « suffisance épanouie ». C'est cet état d'être, où vous décidez de dépasser le « juste assez » pour avancer vers le « plus qu'assez », qui vous amène à votre épanouissement total.
- Vibrez la surabondance.

VENEZ TÉLÉCHARGER VOTRE BONUS

Visitez la page exclusivement réservée à vous, chers lectrices et lecteurs de ce livre :

http://faiteslapaixaveclargent.com/bonus

Téléchargez le superbe poster « Les 12 Principes de l'alchimie entre l'amour et l'argent » et son fichier audio, afin d'INSTALLER LA PAIX EN VOUS FACE À L'ARGENT et **d'activer la manifestation de vos rentrées** !

CHAPITRE 7
L'argent est votre allié

J'aimerais que vous vous ouvriez à l'idée que les miracles se produisent tous les jours. Attendez-vous au miracle, ouvrez-vous au miracle. Ainsi, vous pourrez les entrevoir, puisque chaque jour ils se produisent. Cependant, sachez que si vous vibrez trop bas, vous ne pourrez pas les voir ; vous ne pourrez pas les célébrer. Dès lors, prenez le temps, tous les matins et tout au long de la journée, de vous élever au niveau vibratoire suffisant pour apercevoir ces miracles.

Continuez à vous ouvrir à la surabondance d'argent, et de canaux d'attraction aisés et faciles pour vous et pour tout le monde. C'est ainsi que nous élevons le niveau d'abondance de la planète.

Développez l'attitude de l'ouverture à tout l'argent qui peut vous arriver indépendamment des saisons, et indépendamment de ce que vous faites physiquement. C'est votre rayonnement et vos intentions qui attirent l'argent. Votre vibration de bien-être vous rend magnétique.

Demandons-nous maintenant **qu'est-ce que l'argent réellement ?**

Pour beaucoup de personnes, l'argent a une connotation négative. Dès lors, il est important de prendre le temps de redéfinir notre relation à l'argent pour avoir plus de puissance, plus de générosité et de possibilités. Tant de personnes sur la planète souffrent de l'idée réductrice que l'argent est mauvais, qu'il corrompt les gens, qu'il est inaccessible. Ainsi, nous souffrons, nous luttons pour attirer l'argent parce que nous avons une relation confuse avec l'argent. Nous sommes dans le brouillard. Nous nous laissons embrouiller par notre mental et l'inconscient collectif.

Si l'argent est si polluant que cela à vos yeux, alors vous allez rester éloigné de l'argent. C'est une bonne manière de vous en protéger. Même si vous pensez en avoir plus que besoin, inconsciemment votre mental vous protégera en vous maintenant éloigné de l'argent.

Or, ici et dans la communauté Aficea[6], nous tentons de nous créer une nouvelle relation à l'argent, plus paisible et surtout plus riche, plus abondante.

Je vous propose de commencer tout de suite à adopter une nouvelle perspective : **l'argent est une substance neutre en soi**.

C'est une aussi bonne substance que n'importe quelle autre substance de l'Univers. Parler de l'argent est puissant, parce que, vous comme moi, nous somme les fabricants et les créateurs du sens que nous donnons à notre vie financière.

L'argent n'a que le sens que nous lui donnons

L'argent prend le sens que nous lui donnons consciemment, et inconsciemment. Lorsque vous changez votre relation première avec l'argent et que vous passez de la peur du jugement, du refus ou du rejet de l'argent, ou encore de la notion de manque d'argent, à la conscience que vous êtes un être spirituel qui utilise l'argent comme outil dans sa vie matérielle, l'argent peut cesser de contrôler votre vie. Vous cessez de lui céder votre pouvoir et de le laisser prendre les rênes. Vous commencez à vous sentir puissant grâce à chaque pensée, à chaque décision et à chaque attitude que vous décidez d'entretenir face à l'argent.

Pour ce faire, vous devez créer une histoire financière qui soit digne de vous, et être l'auteur de votre expérience financière et spirituelle, et ainsi de votre pouvoir. En effet, chacun

---

[6] Venez vous présenter sur le forum Aficea et échanger avec les autres membres de cette puissante communauté délibérément créatrice : https://www.facebook.com/Aficea
Ou venez lire nos articles sur https://www.aficea.com

de nous a une histoire financière qui est constituée de l'héritage de ses pensées, mais aussi de son expérience passée, évidemment, des personnes qu'il modélise et qu'il a modélisé inconsciemment : ses parents, ses supérieurs, les autorités de son enfance et de sa réalité actuelle, et enfin de ses émotions et des résultats obtenus avec l'argent dans son histoire.

Si nous examinons cette histoire financière, non pas à partir d'une plate-forme spirituelle qui nous élève, mais plutôt du mental qui juge, qui analyse et qui compare, notre histoire financière peut être un fardeau pour nous, voire même un boulet, qui nous empêche de créer une vie prospère aujourd'hui.

Ce que je vous propose, c'est d'entamer un voyage tous ensemble. Lançons-nous dans le voyage de la maîtrise spirituelle de l'argent. Et faisons cela en regardant franchement et ouvertement notre propre histoire financière familiale, ainsi que l'effet de notre vie financière, et le rôle de la confiance et de la foi dans notre vie.

Ensuite seulement, vous pourrez créer les fondations d'une nouvelle histoire qui sera établie sur la vérité de votre unicité avec le divin, et sur la possibilité de créer les expériences financières que vous désirez, en vivant à partir de ce sentiment de lien et de connexion au divin. Tout ce que vous pensez ou ressentez, et surtout ce que vous dites à votre sujet et au sujet de l'argent et du monde, vous élève alors vers de nouvelles possibilités dans les différents domaines de votre vie.

Avant tout, il est important de connaître le pourquoi de la nouvelle carte financière que vous voulez dessiner tout au long de votre voyage vers plus d'argent, plus de prospérité et plus de sérénité.

Il ne s'agit pas vraiment de l'argent. Vous voulez savoir à quoi va servir cet argent – quel est le pourquoi de l'argent que vous désirez attirer, parce que juste accumuler plus d'argent ne suffira pas à vous motiver ni à vous nourrir spirituellement tout au long de ce voyage. Ce voyage pendant lequel vous allez lâcher vos freins ou vos blocages, apprendre de nouvelles compétences de gestion financière, et vous vous engager à une pratique spirituelle plus intense.

Vous êtes un être puissant et rayonnant avant tout. Vous voulez beaucoup plus que juste plus d'argent. Vous voulez diriger spirituellement votre richesse pour vous aligner sur une vision beaucoup plus large que juste votre vie financière, une vision qui inclut un but et un pourquoi. Et ce but est plus grand que vos circonstances actuelles. Il est également plus grand que vos besoins actuels. Il est relatif aux personnes ou aux causes que vous voulez soutenir, et aux buts professionnels que vous voulez atteindre.

Ce « pourquoi » est aussi suffisamment inspirant pour vous encourager à poursuivre votre voyage lorsque les choses sembleront difficiles. Vous vous épanouissez beaucoup plus lorsque vous avez un but à court terme et un but à long terme à accomplir et à célébrer ensuite.

JEU ALCHIMIQUE

Je vous recommande de vous focaliser sur des projets. Les projets commencent avec des intentions spécifiques, et chaque projet inclut toujours une composante spirituelle ou personnelle, et des buts financiers. Nous allons ainsi équilibrer le côté pratique et le côté spirituel de ce but que vous recherchez.

Imaginez créer votre richesse en utilisant une carte financière autour d'un but noble tel que :
- je m'abandonne à la liberté divine sans plus aucun ressentiment pour mon ex à cause de notre divorce ;
- je dégage plus de temps et d'énergie pour prospérer dans ma carrière, en attirant X réunions avec des prospects ou en assistant à 12 événements pour entrer en relation avec les autres et réseauter, ou en organisant 3 grosses campagnes créatrices.

Dans cette phrase, il y a une composante à la fois spirituelle et personnelle et une composante liée à des résultats et à des buts financiers concrets.

Je vous donne un autre exemple pour définir votre « pourquoi » :
- nous développons notre activité avec sagesse en augmentant le nombre des clients avec lesquels nous travaillons et en voyant nos rentrées augmenter immédiatement de 15 % et plus chaque mois.

La dimension spirituelle ici, c'est développer la sagesse dans l'activité ; et la dimension plus pragmatique, ce sont les résultats concrets et les chiffres.

Autre exemple de carte financière :
- je décide de mettre en œuvre un plan concernant notre portefeuille immobilier d'ici la fin du trimestre, tout en minimisant nos pertes de trésorerie et en me renseignant sur les implications fiscales.

Vous définissez une carte financière qui correspond à votre but, au pourquoi et à quoi va servir l'argent, qui contient une dimension personnelle et spirituelle, et une dimension liée à ce que vous voulez voir se matérialiser dans votre vie. Faites-le pour les douze mois à venir.

Maintenant que vous avez défini votre carte financière - le cap que vous suivez, tant au niveau spirituel qu'au niveau matériel, vous devez **maintenir l'équilibre** entre les deux et ne pas risquer de créer un conflit intérieur qui vous ferait dire *oui, mais je suis coach ou thérapeute, je travaille avec les énergies, c'est très spirituel, je ne peux pas me focaliser sur l'argent*. C'est pour éviter ce genre de conflit, que vous venez de créer votre carte financière personnelle en reliant les deux pôles de façon paisible et aimante. Ainsi vous avez préparé le terrain et vous ne risquez pas d'avoir à vivre ce genre de conflit interne.

Là, maintenant, vous êtes prêts pour un éveil spirituel optimal grâce à l'argent, et pour des progrès financiers optimaux. Vous allez pouvoir développer votre spiritualité, vos croyances et vos habitudes en utilisant les lois spirituelles de l'argent.

Les lois spirituelles de l'argent

Notre relation à l'argent est à la base du tout. L'argent est omniprésent. Nous en parlons tout le temps, avec nous-même, et avec les autres. Il est constamment dans nos pensées. Malheureusement, nous y pensons d'une façon qui n'est pas porteuse pour nous. Nous y pensons souvent lorsque nous n'en avons pas, ou lorsqu'il nous manque. Dès lors, cette énergie de l'argent est lourdement chargée émotionnellement.

Il est essentiel pour nous de modifier la manière dont nous gérons cette énergie, pour pouvoir l'attirer et la garder dans notre univers. En effet, c'est très bien de pouvoir manifester et attirer ce que nous désirons. Cependant, l'idéal c'est de pouvoir conserver les sommes que nous aimerions garder.

Nous nous enrichissons ou nous nous appauvrissons selon ce que nous pensons de l'argent.

D'où l'importance de savoir :

- comment est-ce que je pense à l'argent ?
- comment est-ce que je le considère ?
- quelles sont les émotions que je vibre quand je pense à l'argent ?

Car ces émotions attirent à nous ce qui leur correspond. Si vous émettez des émotions fondées sur la peur de manquer, la peur de perdre de l'argent, la peur de voir des personnes venir vous prendre de l'argent, ou la peur d'attirer des clients difficiles face à l'argent, vous risquez plus facilement de manifester ce que vous redoutez. Modifier vos émotions de façon consciente, en vous disant *je fais confiance à l'argent et à ce monde qui fonctionne avec l'argent,* va vous permettre, non seulement de l'attirer plus, mais aussi de le garder plus.

J'entends déjà les « Oui, mais que faire si je suis dans une situation de dettes, et de difficultés financières ? C'est bien gentil de nous encourager à avoir des pensées différentes, mais la vérité c'est que je reçois des factures dans ma boîte aux lettres, et mon banquier m'appelle tous les jours parce que je suis dans le rouge, etc. »

Nous sommes tous dans la même situation. Même quelqu'un qui réussit très bien reçoit des factures et a des dettes. Vous seriez étonné de savoir que beaucoup de personnes très riches et très prospères ont des dettes. À nouveau, tout est question de perspective. Comment choisissez-vous de percevoir cette dette ou cette notion de dette ? Si vous comprenez que l'argent est une énergie, qu'est-ce qu'une dette ? C'est la représentation d'une promesse que vous vous êtes faite, de croire en vous-même suffisamment pour vous dire *j'emprunte 10 000 euros parce que je sais, je suis convaincu, que j'ai la capacité de les rembourser - que j'ai la capacité d'attirer ce montant pour pouvoir rembourser ma promesse.*

Une dette est une puissante déclaration de confiance en soi. Seulement, avec le temps, le mental fait pression sur nous, et commence à nous dire « ça ne va pas fonctionner, tu ne vas pas y arriver ». Dès lors, nous redescendons au niveau émotionnel. Nous étions peut-être tout en haut de l'échelle, lorsque nous nous disions *je crois à mon projet, je sens que je vais y arriver, donc oui, j'ose faire cette demande d'emprunt.* Et petit à petit, nous redescendons au niveau du doute. Et comme nous redescendons, notre énergie personnelle, qui est la même que celle de l'argent, nous fait repousser l'argent. Elle nous fait repousser tout ce qui vibre beaucoup plus haut, tout ce qui vibre au niveau de notre potentiel et de nos possibilités infimes.

Il est capital de prendre la responsabilité de son argent et de sa situation financière. *Je vais attirer l'argent parce que je veux - et je vais – entreprendre mon rêve, et parce que je veux investir en moi-même et en mes projets.*

Certaines personnes vont investir ou entreprendre un projet avec une énergie positive et cette confiance qui les mène au succès. *Ça va marcher, même si je prends un crédit.* D'autres personnes vont activer inconsciemment l'énergie du manque, elles vont racler les fonds de tiroir pour mettre en place leur projet et ne pas oser croire suffisamment en elles pour faire le saut de l'emprunt ou du crédit, ou de l'attraction de l'aide financière nécessaire. Ce qui vient confirmer en elles, malheureusement, que, ça ne marche pas, donc qu'elles ne sont pas faites pour « ça ». **La conscience de l'énergie avec laquelle nous investissons en nous-mêmes et nos projets est la clé.**

Et c'est là aussi que nous pouvons voir le niveau de conscience auquel nous sommes arrivés. Sans nous juger, car il est aussi bon de vibrer à un niveau de conscience élevé qu'à un niveau de conscience plus bas.

Nous sommes tous à une certaine étape de notre chemin d'expansion, de notre spirale d'expansion[7]. Et selon là où nous nous situons, nous pouvons comprendre qu'avoir une dette c'est, plutôt qu'une dépense, un investissement.

Les personnes qui sortent, par exemple, du salariat, et qui fonctionnent encore et toujours selon le mode de fonctionnement de la société, vont plus facilement lier la dette à une dépense. C'est-à-dire qu'elles vont acheter un bien qui va très vite perdre de sa valeur.

Et les personnes qui ont atteint un autre niveau de conscience et qui veulent croire en leurs possibilités vont cesser de contracter des dettes de ce genre. Elles vont plutôt se dire *je vais investir pour mon avenir, je vais investir en moi-même*. Elles vont faire le choix d'investir dans une formation, par exemple – j'ai moi-même investi de gros montants pour me former et entreprendre plus avant. S'agit-il d'une dette, dans ce cas, d'un investissement, ou d'une opportunité de rentabilité ? Si j'investis dans une formation que j'applique assidûment et qui me permet de récupé-

---

[7] La spirale d'expansion est l'idée principale que j'ai développée pour expliquer comment, en tant qu'êtres humains, nous expérimentons cycliquement différents niveaux de changement et de phases de transition. J'ai remarqué que, à chaque nouveau niveau de conscience et de succès, nous avons tendance à vivre un moment de vulnérabilité, car nous nous sentons poussés à sauter du connu vers l'inconnu. Quittant une plate-forme de conscience – en sachant où nous sommes et qui nous sommes, en tant qu'experts dans notre domaine –, nous ressentons soudain l'impulsion qui nous incite à avancer, et c'est là que nous redevenons étudiants, et débutants, sur le chemin qui nous conduit vers notre nouveau sommet. Ce sommet étant le nouveau désir que nous voulons satisfaire ou le nouveau rêve que nous voulons voir se réaliser.

rer, manifester ou gagner dix à vingt fois plus, ou d'être dix à vingt fois plus magnétique que je ne l'étais auparavant, alors j'ai plus intérêt à investir dans ce canal d'abondance hautement prospère, que de déposer cet argent sur un compte en banque qui va me rapporter peut-être deux ou trois pour cent en ce moment. Et je pourrai acheter la voiture désirée une fois récupéré mon investissement démultiplié. Je place mes priorités.

Je préfère avoir l'indépendance financière continue que le statut et le confort momentané.

Parlons des lois spirituelles de l'argent pour commencer à maîtriser vos finances maintenant.

La première loi qui me paraît évidente, c'est la **loi de l'intention, la loi du désir**.

Nous avons tout intérêt à savoir ce que nous désirons, de façon très claire et chiffrée. Quel est le montant que nous désirons ? Ou quel est le niveau de succès auquel nous désirons accéder ? Quel est le nombre de clients que nous voulons avoir ?

JEU ALCHIMIQUE

- Chiffrez votre désir.
- Puis spécifiez l'intention qu'il sous-tend. Demandez-vous *pourquoi est-ce important pour moi d'avoir ce désir, d'obtenir ce montant ou ce nombre de clients ?*

Grâce à l'effet de loupe de la loi de l'attraction, l'intention va faire son chemin dans l'Univers, comme j'aime le dire, et notre focalisation sur cette intention positive, soutenue par un pourquoi important, prendra forme sous nos yeux.

La deuxième loi spirituelle que je vois à l'action dans le domaine de l'argent, c'est la **loi de cause à effet,** qui est souvent mal comprise. En effet, on nous dit « si vous vous comportez de telle façon là, vous risquez d'avoir tel effet, ou vous subirez telle conséquence ». Ce n'est pas comme cela que fonctionne la loi universelle de la cause à effet. Elle opère au niveau vibratoire. Ainsi, si je me comporte de telle façon avec telle peur ou telle émotion, je vais me créer ou m'attirer un résultat qui sera conforme à l'émotion que je vibre. Je donne souvent l'exemple de l'amende, si je remplis ma déclaration de revenus en retard. Les personnes qui le font se culpabilisent – tout en étant fière de se sentir un peu rebelles face à la loi en même temps. À l'arrière-plan, elles vibrent la peur d'avoir une amende, puisqu'elles savent qu'elles n'ont pas respecté les délais, de sorte que bien vite arrive dans la boîte aux lettres l'avis d'imposition augmenté de l'amende.

Or, si vous remplissez votre déclaration avec joie et plaisir, en vous disant *je suis si heureux d'offrir ce don à la société*, et en étant dans la vibration du « tout est parfait », vous recevrez votre avis d'imposition sans indemnité de retard. Cela m'est arrivé plus d'une fois, avec l'administration.

Telle est la loi de cause à effet, qui explique pourquoi il est important de savoir comment vous vibrez.

JEU ALCHIMIQUE

- Quelles sont les émotions que vous vibrez partout où vous allez ?
- Quelles sont les émotions que vous vibrez quand vous pensez à l'argent, ou quand vous pensez à conclure une affaire ou une négociation avec quelqu'un ?
- Sont-elles porteuses pour vous et vous rapprochent-elles de l'obtention de votre désir ?
- Si oui, amplifiez ces émotions et savourez-les.

Si la réponse est non, quelles émotions voulez-vous vibrez dorénavant et quand allez-vous vous autoriser à les vibrer ?

La troisième loi que je vois en mouvement dans notre relation à l'argent, c'est **la loi du don**. Nous vivons dans un univers qui fonctionne selon le cycle du don et de la réception. La plupart d'entre nous a beaucoup de difficultés, soit à donner soit à recevoir. Rares sont les personnes qui se sentent à l'aise dans l'ensemble de ce cycle, et qui donnent et reçoivent aisément et facilement. Par exemple, elles ramassent les pièces qu'elles trouvent par terre et les reçoivent volontiers de l'Univers, parce qu'elles assument le fait d'avoir co-créé ce rendez-vous avec l'argent, et par ailleurs, elles les redonnent aisément et facilement. Nous avons tous ce choix d'entrer dans le cycle aisé du don et de la réception.

JEU ALCHIMIQUE

Si vous êtes fermé à recevoir ce qui vous paraît souvent anodin, si vous n'arrivez pas à recevoir les sourires, les compliments ou les remerciements, vous vous empêchez de recevoir aussi vos désirs – l'argent, les clients ou les opportunités. L'idéal, c'est de vous dire *comment est-ce que je pourrais m'autoriser à recevoir davantage ?*

Commencez par de petites choses, comme les pièces que vous trouvez par terre, mais faites-le aussi quand quelqu'un vous remercie ou vous complimente. Plutôt que répondre « de rien », dites « avec plaisir ». En prononçant « avec plaisir », vous renforcez le sentiment de plaisir que vous avez eu à faire ce que vous avez fait, ou à offrir le produit ou le service que vous avez donné.

Il en va de même pour les personnes qui ont du mal à donner. Demandez-vous *qu'est que je pourrais ME donner davantage, pour pouvoir ensuite déborder de cela et le donner aux autres ?*

La quatrième loi que je trouve tout aussi importante pour apaiser notre relation à l'argent est **la loi du détachement**.

La plupart des personnes n'obtiennent pas ce qu'elles désirent parce qu'elles y sont trop attachées, au point d'en devenir obsédées. Vous voulez absolument avoir un nouveau client, ou un nouveau distributeur, ou tel montant, et cela vous obsède tellement que vous voyez davantage son absence plutôt que sa présence. De ce fait, vous recréez l'absence, vous recréez la frustration de la non-présence, et vous vous empêchez de le recevoir. Le détachement est la phase finale du processus.

JEU ALCHIMIQUE

- Où vous sentez-vous trop attaché à votre désir ?
- Sur quoi d'autre pouvez-vous vous focaliser en ce moment, et qui vous fait du bien ?
- Passez plus de temps dans ce sentiment de bien-être et faites confiance à l'Univers. Il vous a déjà apporté votre désir. Votre sentiment de bien-être de plus en plus continu va vous permettre de le (rece)voir.

Quatre lois : la loi de l'intention, la loi de cause à effet, la loi du don et la loi du détachement.

En utilisant consciemment ces quatre lois, vous commencerez à attirer l'argent à vous. Entretenez-les régulièrement ; choisissez-en une que vous appliquez chaque semaine, par exemple. L'argent découlera de la modification vibratoire interne que vous obtiendrez, grâce au fait d'appliquer ces quatre lois consciemment et délibérément. Parce qu'elles opèrent à tout moment. Tout comme la loi de la gravité. Mais pour la plupart des gens, elles fonctionnent à leur encontre ou « par défaut », comme j'aime dire.

Appliquez consciemment ces quatre lois et faites de l'argent votre allié !

POINTS ESSENTIELS À RETENIR
6e principe de l'alchimie entre l'amour et l'argent
L'argent est votre allié

- L'argent est une substance neutre en soi.
- C'est une aussi bonne substance que n'importe quelle autre substance de l'Univers.
- Parler de l'argent est puissant, parce que, vous comme moi, nous sommes les fabricants et les créateurs du sens que nous donnons à notre vie financière.
- L'argent n'a que le sens que nous lui donnons.
- Nous nous enrichissons ou nous nous appauvrissons, selon ce que nous pensons de l'argent.
- Comment est-ce que je pense à l'argent ? Comment est-ce que je le considère ? Quelles sont les émotions que je vibre quand je pense à l'argent ?
- L'argent nous permet de faire des choses extraordinaires.
- L'argent a un pouvoir aimant. Il est plein d'amour et est attractif, tel un aimant magnétique.
- Plus vous aimez l'argent, plus l'argent vous aime, et plus vous êtes un aimant pour l'argent.

VENEZ TÉLÉCHARGER VOTRE BONUS

Visitez la page qui est exclusivement réservée à vous, chers lectrices et lecteurs de ce livre :
http://faiteslapaixaveclargent.com/bonus

Téléchargez le superbe poster « Les 12 Principes de l'alchimie entre l'amour et l'argent » et son fichier audio, afin d'INSTALLER LA PAIX EN VOUS FACE À L'ARGENT, et **d'activer la manifestation de vos rentrées** !

CHAPITRE 8
Votre expérience actuelle avec l'argent représente votre « ancien vous »

J'espère que vous avez pris du bon temps avec les exercices précédents et que vous avez noté vos résultats, prises de conscience et contrastes. Ainsi, vous ancrez dans vos cellules les résultats que vous obtenez mais aussi les transformations nécessaires. C'est un processus qui va beaucoup plus loin que simplement survoler les chapitres et les exercices, sans nécessairement les écrire.

Ancrez profondément en vous la conscience que le monde est abondant. La nature est abondante, et dès lors l'être humain est abondant également. Et chacun et chacune d'entre vous est divinement pourvu de qualité d'abondances, certaines demandant à être révélées.

Personnellement, je vous vois comme quelqu'un d'abondant, d'intelligent et de généreux, de libre et de solide, quelqu'un de bien ancré dans ces fondations que vous renforcez à chaque chapitre. Les fondations de confiance, d'assurance, de clarté et d'amour-propre. Tout cela grâce à l'élan entretenu dans votre vie, grâce à la lecture et à la pratique de ces chapitres.

J'espère que vous commencez à ressentir la joie d'avancer à votre rythme, un rythme de croisière personnel, avec de temps en temps de petits coups de pouce qui vous permettent de ressentir une forme d'adrénaline puissante et de voir se manifester un petit miracle ou un grand miracle peut-être, dans votre vie.

Aujourd'hui, ouvrez-vous à cette idée que ce jour est votre jour. Je vous invite à suivre votre cœur, à écouter votre intuition, à entrer dans votre joie. Aujourd'hui, ouvrez-vous aux miracles, croyez aux miracles. Si vous n'y croyez pas, vous ne les verrez pas. Prenez l'habitude de commencer chaque journée comme Salvador Dali, en vous demandant *quel chef-d'œuvre vais-je créer aujourd'hui ?* Oui, c'était un artiste, mais nous sommes tous créateurs et artistes de notre vie. Quel chef-d'œuvre ou quel miracle allez-vous créer aujourd'hui ?

La magie de la vie et des affaires fait que vous créez un feu d'artifice de manifestations pour vous, pour vos clients, mais aussi pour vos proches. Il y a un effet de transmission qui est incroyable, à partir du moment où nous nous ouvrons aux miracles.

C'est votre intention chaque jour, dès lors c'est ce que vous recevez chaque jour.

Dites-vous régulièrement *aujourd'hui, c'est mon jour ! Je me réalise aujourd'hui. Je suis l'énergie pure. Je suis la surabondance d'argent et de manifestation aisée et facile, pour moi et pour les autres.*

Rappelez-vous que votre vie mérite d'être applaudie. C'est un véritable chef-d'œuvre que vous affinez à chaque seconde. Elle mérite une ovation, de vous-même d'abord.

Lâchez les rames. Ne vous souciez pas du comment, et laissez l'Univers agir pour le meilleur – le meilleur pour vous et le meilleur pour tout le monde sur la planète.

Il suffit d'une idée, d'une seconde, d'un ami, d'un rêve, d'un saut de confiance et de foi, pour tout changer à jamais. Aussi, prenez le temps de vous amuser et de vous émerveiller des belles manifestations à venir.

Nous allons passer au septième principe de l'alchimie entre l'amour et l'argent.

Je vous rappelle le sixième principe : l'argent est notre allié. Ce n'est pas quelque chose de monstrueux. L'argent nous permet de faire des choses extraordinaires. Il n'est pas seulement une chose physique. Il est une énergie comme une autre, comme toutes les autres énergies dans l'Univers. L'argent a un pouvoir aimant. Il est plein d'amour et est à la fois attractif, tel un aimant magnétique. Il est important de vous en souvenir pour pouvoir vous-même devenir cet aimant. En effet, plus vous aimez l'argent, plus l'argent vous aime et plus vous êtes un aimant pour l'argent.

C'est ce que nous allons voir aujourd'hui. Le septième principe vous aide à comprendre que **votre expérience actuelle avec l'argent représente l'ancien vous**. Votre manque d'argent, vos hauts et bas financiers, les catastrophes financières et la panique financière représentent toutes vos peurs passées, votre panique passée, vos hauts et bas passés, vos croyances passées.

Plus vous en êtes convaincu, plus vous pouvez vous créer abondance et surabondance, même d'argent. En effet, vous comprenez que l'être que vous êtes aujourd'hui a tout pouvoir, ici et maintenant. Il a le pouvoir de créer exactement la quantité d'argent qu'il désire manifester : un billet de 100 €, une liasse de billets de 500 €, un montant de 10 000 € qui arrivent sur votre compte, peu importe d'où, peu importe comment. Vous avez ce pouvoir, ici et maintenant.

Chaque fois que vous vous retrouvez dans des peurs financières, ou face à une facture qui vous paraît tombée comme une tuile du ciel, rappelez-vous que tout cela représente l'ancien vous : vos peurs passées, vos croyances passées dans le « monstre de l'argent ». Aujourd'hui, vous voulez choisir de penser différemment, et ainsi de manifester différemment. Rappelez-vous qu'un seul saut de confiance et de foi, une seule pensée, un seul rêve, peut tout changer à jamais. Que ce soit votre mantra pour vous aider à aller du passé lié à des croyances limitatives face à l'argent à un présent plus constructif.

L'argent prend la vibration qu'on lui donne. Il peut servir à la fois à acheter un couteau pour cuisiner et offrir un bon repas à vos amis, ou pour blesser quelqu'un. L'argent en soi n'est pas mauvais, c'est la manière dont vous l'utilisez qui va faire la différence.

L'argent a un pouvoir secret d'échange d'amour, parce que grâce à l'argent nous pouvons toucher bien plus de personnes, par exemple des organisations caritatives, mais aussi des amis et des proches que nous pouvons soutenir grâce à nos surplus d'argent. Sans parler des formations que vous pouvez suivre pour grandir et pour apprendre aux autres à grandir aussi.

Je me souviens que, lorsque j'étais salariée, l'argent n'était pas un problème. Il n'était plus un problème pour moi. Dans ma jeunesse, j'avais tendance à acheter par coups de cœur. Mon père me répétait sans cesse : « Tu vis au-dessus de tes moyens. » Cette phrase a imprégné mes cellules pendant longtemps, et malgré tout, c'était plus fort que moi. Une fois que j'ai été salariée, tout cela s'est régulé, puisque je savais qu'à la fin du mois un certain montant m'arrivait. J'avais également décidé de gérer mon argent de manière à ne pas dépenser plus que ce que je gagnais. L'argent n'était donc plus un problème. Je l'épargnais et je n'en faisais rien de spécial. J'avais une petite vie pépère, comme célibataire. L'argent entrait et sortait, et c'était O.K. pour moi. J'en avais suffisamment pour épargner. Jusqu'au jour où je me suis intéressée à un livre écrit par une auteure allemande, partie vivre aux États-Unis, et où j'ai ressenti l'appel de la rencontrer. Elle avait émigré au Nouveau-Mexique. C'était loin. Elle avait suivi un parcours que je trouvais fabuleux, aussi je me suis renseignée pour la rencontrer, suivre un de ces stages et même avoir une séance en privé avec elle.

En calculant le prix du billet d'avion plus les journées d'accompagnement, je me suis rendu compte que ce n'était pas faisable avec ce que je gagnais alors.

Malgré tout, cette idée continuait à me hanter, et à un moment, la solution s'est présentée. J'ai eu un déclic, *parce que* je me suis dit *il doit y avoir une solution*. C'est mon mantra, depuis toute petite : il doit y avoir une solution aisée et facile. Et souvent, elle est sous mon nez et je ne la vois pas. Je me suis ouverte à cette idée que la solution aisée et facile était déjà là. Et là, le voile s'est ouvert, la solution s'est présentée. Ma sœur et son mari, à l'époque, vivaient au Texas, en tant qu'expatriés. En regardant la carte des États-Unis, j'ai vu que le Texas se trouvait à côté du Nouveau-Mexique. Je pouvais conjuguer mes deux désirs, et cela me rassurait en même temps. Je n'étais jamais allée aux États-Unis – ou plus depuis très longtemps[8]. Cela me rassurait de pouvoir faire un aussi beau voyage en voi-

---

[8] Note de l'auteure : je vous invite à lire mon livre autobiographique *L'Odyssée de la Prospérité* (Dauphin Blanc), pour prendre connaissance de cette anecdote étrange, de rapatriement par l'immigration américaine.

ture, avec ma sœur et son mari, du Texas vers Santa Fe, au Nouveau-Mexique. Cela nous permettrait de passer de bons moments ensemble, avec leur petit garçon.

Pour le coût du voyage, la solution s'est présentée d'elle-même. Elle était évidente et depuis toujours sous mon nez : il me suffisait de payer l'acompte du billet et de l'accompagnement avec ma carte Visa, et le solde le mois suivant. C'était faisable et même acceptable. Cela laissait le temps à mon salaire d'arriver sur mon compte.

À ce moment-là, je me suis rendu compte que l'énergie de l'argent m'avait permis de réaliser un magnifique rêve, celui de revoir ma sœur et sa famille, que je n'avais plus vue depuis très longtemps, et aussi de rencontrer l'un de mes modèles – et, cerise sur le gâteau, de participer à un merveilleux concert de bols de cristal dans le désert. J'ai vécu un très beau moment, en privé avec l'auteure, lors d'une série de trois séances puissantes, avec sa communauté, et avec ma famille.

Mon argent, tout à coup, était à nouveau mon allié, parce que j'avais choisi de laisser derrière moi toutes mes attaches à mes fausses croyances passées et à mes peurs, entre autres que je n'aie pas assez d'argent pour pouvoir réaliser un grand rêve. L'argent a pu devenir visible à mes yeux parce que j'avais lâché l'ancienne vision de ma petite personnalité limitée, en tant que salariée, pour pouvoir le voir comme mon allié. Aujourd'hui, je le vois comme mon allié à tout moment.

Le pouvoir de l'argent et la place de l'argent dans votre vie

Vous voulez considérer l'argent comme le pouvoir qui vous permet de poursuivre votre activité ou une vie confortable, pleine de succès, pleine de joie, pleine de plaisir. Vous voulez accueillir son arrivée, et vous réjouir lorsqu'il part. Cultivez cette notion de plaisir et de réjouissances, autant de le voir arriver que de le voir partir.

En effet, vous devez vous rappeler qu'il ne réalise pas son travail en tant que support énergétique tant que, comme l'eau dans le courant d'une rivière, il n'est pas passé sous la roue, il n'a pas fait son travail. L'argent, ou les euros, ou les dollars, amassés sur un compte n'œuvrent par pour le bien du monde. Ils n'ont aucune véritable valeur pour nous.

L'argent dépensé est le seul que nous possédons réellement. C'est un concept que je voudrais que vous intégriez dans vos cellules. Parce qu'en expérimentant le fait de le dépenser pour nous développer, ou nous améliorer personnellement, nous le possédons à jamais. C'est l'argent qui entre et qui sort, le flux de l'argent, qui est votre possession. Plus l'argent est entré et sorti de votre monde, et plus vous êtes riche.

Rappelez-vous aussi que vous êtes le pouvoir à tout moment. Vous êtes le pouvoir de création. L'argent n'a que le pouvoir que vous lui déléguez. C'est vous-même qui lui donnez ce pouvoir. L'argent n'est pas tout-puissant, comme la plupart des gens le croient. C'est le pouvoir tout-puissant de votre être, de votre essence divine, qui utilise l'argent.

C'est un concept puissant que je suis très heureuse de partager avec vous ici, car il a changé énormément de choses dans ma relation à l'argent. Prenez l'habitude de dire à l'argent : « *Je n'ai pas besoin de toi ; c'est toi qui as besoin de moi, parce que tu n'as aucune utilité, tant que je ne t'ai pas utilisé. Et toi, tu espères être utilisé par moi ou par quelqu'un d'autre. Sinon, tu n'as aucune raison d'être. Je n'ai pas besoin de toi, je n'ai pas besoin de l'argent, je n'ai pas besoin des euros ou des dollars ; c'est l'argent qui a besoin de moi, ce sont les euros ou les dollars qui ont besoin de moi.* »

Plus vous adoptez cette attitude mentale, plus l'argent va vous faire faire un saut quantique, parce que vous modifiez votre aura, vous modifiez votre ADN dans votre relation à l'argent. L'argent sera alors attiré vers vous. Vous n'aurez pas besoin de penser à son arrivée, parce qu'il viendra à vous à travers les opportunités que cette nouvelle attitude mentale va vous révéler.

Pensez uniquement à l'utilisation que vous voulez faire de

l'argent et appelez-le. L'argent est comme un ange. Il a envie de vous aider. Il n'attend que votre demande pour pouvoir œuvrer grâce à vous. Sinon, il est comme mort. Il n'a aucun sens, sans vos mains, sans vos idées, sans votre cerveau. Ainsi, vous sortirez de ces croyances passées et de ces limitations passées qui vous ont fait lier l'argent au manque d'argent plutôt qu'à son abondance.

Modifiez votre attitude envers l'argent que vous avez déjà. L'argent que vous voyez dans votre portefeuille, sur vos comptes en banque, ou autour de vous, l'argent qui vous apparaît aussi. Dites-lui : « *Mon allié, l'argent, va travailler. Circule. Que chacun de tes centimes, de tes euros, aille payer un million en salaires et en dettes, partout dans le monde, et lorsque j'aurai besoin de toi, reviens vers moi. Tu es inutile et sans valeur, tant que tu ne vas pas travailler pour l'amélioration du monde.* »

Ainsi, laissez sereinement l'argent sortir de votre compte en banque lorsque vous payez une facture, que vous faites un don, ou que vous payez vos impôts, en sachant que, lorsque vous l'envoyez dans le monde avec cette pensée, cet argent ou un argent similaire s'en reviendra vers vous pour être mis au travail, au moment où vous en aurez besoin.

Comment faire face aux dépenses

Pour pouvoir dépenser joyeusement votre argent, la question à vous poser c'est *est-ce O.K. de dépenser cet argent ?* Peu importe que vous ayez un seul euro, ou que vous en ayez un million. Allez-y et dépensez cet euro ou ce dollar, si vous pensez qu'il est O.K. de le dépenser pour un but particulier. Et dépensez-le aussi richement que si vous étiez millionnaire.

Vous voulez à tout moment dépenser votre argent comme si vous étiez millionnaire, avec un sentiment de surabondance d'argent. Et vous voulez toujours veiller à ce que l'argent soit bien utilisé, et dès lors à ce que vos pensées d'utilisation de votre abondance soient nobles. Dépensez ce que contiennent vos comptes ou votre portefeuille en vous posant la question *comment utiliser au mieux cet argent ?*

Affirmez que vous n'attirez que des pensées d'utilisation nobles de votre argent, et que vous l'envoyez travailler pour le bien du monde. Vous êtes sûr ainsi que votre argent œuvre pour le meilleur de tous, pour apporter bienfaits et bonheur partout où il se dirige.

Il est très puissant de garder à l'idée que vous n'avez pas besoin de l'argent et que c'est l'argent qui a besoin de vous pour pouvoir s'exprimer. Tout comme l'Univers a besoin de nous en tant que véhicules physiques pour pouvoir exprimer le meilleur de lui-même sur cette planète. Il en va de même pour l'argent.

L'argent n'est rien sans vous. C'est vous qui avez tout pouvoir sur lui.

Appelez-le quand vous en avez besoin, et demandez-lui d'aller œuvrer dans le monde lorsque vous n'en avez pas besoin, ou chaque fois que vous payez vos factures, ou chaque fois que quelque chose d'inattendu se place sur votre chemin : un impôt, une taxe. Dépensez cet argent avec la mentalité du millionnaire. Vous avez des millions qui vous attendent dans la banque de l'Univers, à ce niveau de conscience élevé.

Dépensez cet argent avec cette conviction, et vous verrez que vous serez totalement détaché de vos pensées passées de manque d'argent, de limitation, de hauts et de bas inévitables. Non ! Désormais, vous êtes millionnaire en abondance et argent, et vous utilisez cette énergie divine qu'est l'argent avec plaisir, parce que vous savez que l'argent est un support de paix et d'amour dans le monde. Il s'en va œuvrer pour le meilleur de tous et il vous revient quand vous en avez besoin, pour œuvrer à travers vous.

Utilisez ces concepts, jouez à ces jeux et émerveillez-vous des résultats. Notez ce que cela a changé pour vous et ce que cela change dans vos manifestations, de savoir que votre expérience actuelle avec l'argent représente votre « ancien vous », et que vous pouvez créer une nouvelle expérience plus riche.

POINTS ESSENTIELS À RETENIR
7ᵉ principe de l'alchimie entre l'amour et l'argent
Votre expérience actuelle avec l'argent représente votre « ancien vous »

- Votre manque d'argent, vos hauts et bas financiers, les catastrophes financières et la panique financière représentent toutes vos peurs passées, votre panique passée, vos hauts et bas passés, vos croyances passées.

- L'être que vous êtes aujourd'hui a tout pouvoir, ici et maintenant. Il a le pouvoir de créer exactement la quantité d'argent qu'il désire manifester.

- Aujourd'hui, vous pouvez choisir de penser différemment, et ainsi de manifester différemment.

- C'est l'argent qui entre et qui sort, le flux de l'argent, qui est votre possession. Plus l'argent est entré et sorti de votre monde, plus vous êtes riche.

- Vous êtes le pouvoir à tout moment. L'argent n'a que le pouvoir que vous lui déléguez. C'est vous-même qui lui donnez ce pouvoir.

- L'argent n'est pas tout-puissant, comme la plupart des gens le croient. C'est le pouvoir tout-puissant de votre être, de votre essence divine, qui utilise l'argent.

VENEZ TÉLÉCHARGER VOTRE BONUS

Visitez la page exclusivement réservée à vous, chers lectrices et lecteurs de ce livre :
http://faiteslapaixaveclargent.com/bonus

Téléchargez le superbe poster « Les 12 Principes de l'alchimie entre l'amour et l'argent » et son fichier audio, afin d'INSTALLER LA PAIX EN VOUS FACE À L'ARGENT et **d'activer la manifestation de vos rentrées** !

CHAPITRE 9
L'argent vous aide à vous ouvrir au nouveau

Vous le savez, l'amusement, le rire, les fous rires, le bien-être et la détente, tout cela vous rend très attractif et très magnétique. C'est la raison pour laquelle, non seulement je partage avec vous des concepts très spirituels et très matériels, mais je vous encourage aussi à les étudier et à les appliquer.

Si vous pouviez placer 50 % de divertissement au moins dans chacune de vos journées, vous deviendriez un aimant très puissant. Je vous propose de vous ouvrir à l'idée qu'aujourd'hui vous vous êtes encore rapproché de votre but. Si vous entrez dans votre joie personnelle au quotidien, dès le matin et le soir avant d'aller vous coucher, vous verrez le temps s'ouvrir devant vous, et la magie de la vie et des affaires vous aidera à créer, en très peu de temps et de façon concentrée, un feu d'artifice de manifestations. Que ce soit votre intention chaque jour, et c'est ce que vous allez recevoir.

Dites-vous *aujourd'hui, je me fais confiance. Je suis l'énergie puissante et divine, et tout me fait grandir, tout me fait avancer.* Dites-vous *j'avance super bien. Chaque jour, je me rapproche de mon but.* Placez votre attention davantage sur ce que vous voulez voir se manifester plutôt que sur les illusions de la prétendue réalité physique.

Et rappelez-vous aussi, puisque nous parlons de temps, que plus vous vous mettez de la pression, et moins vous avez de temps. Le temps s'élargit et devient élastique, à partir du moment où vous êtes détendu et où vous avez installé en vous la conviction que vous avez tout le temps du monde.

Répétez ce mantra : « *Chaque fois que je réalise une tâche, je m'engage à dire quelque chose de gentil à la partie de moi qui l'a réalisée.* » Par exemple, « wow tu es vraiment géniale, ma main droite », ou « wow, mon cerveau, tu m'as donné une magnifique inspiration ! » Pensez à faire cela, parce que notre mental a tendance à banaliser ces ressources. Et c'est également une belle manière de vous donner de l'amour, tout au long de la journée, et de ne pas rester bloqué au niveau de l'intellect, lorsque vous réalisez vos taches journalières.

Vous voulez vous amuser, avant tout, et vous émerveiller des magnifiques manifestations qui surgissent devant vous, comme de petites fleurs dorées qui apparaissent comme par magie dans la pelouse de votre jardin intérieur. Prenez le temps de les admirer, sinon, à la fin de la journée vous aurez l'impression de n'avoir rien fait. Notez tout ce que vous avez fait. Notez tout ce que vous avez reçu : un sourire, un compliment, de nouveaux clients. Vous verrez alors vos succès se multiplier et s'amplifier.

Passons au contenu de ce huitième principe de l'alchimie entre l'amour et l'argent : **l'argent vous aide à vous ouvrir au nouveau** : adopter de **nouveaux modes de pensée**, de nouveaux paradigmes, et entreprendre de **nouvelles actions** qui vont transformer votre expérience avec l'argent.

Vous allez commencer à agir différemment, et ces actions sont toujours très simples et très faciles. C'est plus facile que de travailler dur. Si vous voulez travailler – et c'est ce qu'en tant qu'êtres humains nous voulons tous, nous voulons être actifs, pourquoi ne pas travailler et devenir riche, de façon aisée, facile et agréable ? Il y aura peut-être certains jours où vous n'aurez pas envie de travailler. Cela aussi, vous devez l'écouter. Cela aussi, vous devez le reconnaître.

Vous voulez adopter ce huitième principe, et vous allez l'adopter grâce à votre relation apaisée avec l'argent. Votre but, c'est de créer un flux beaucoup plus important de rentrées d'argent, et de sorties, et d'appréciation des sorties d'argent, dans votre vie et dans votre activité.

Imaginez ceci :
- Vous avez peut-être des factures dont vous n'avez même pas ouvert l'enveloppe, ce qui fait que vous oubliez de les payer, ou vous les payez en retard, et vous

devez payer des intérêts ou des indemnités.
- Parlons aussi de vos relevés bancaires mensuels. Est-ce que vous les avez classés ? Est-ce que vous les avez même regardés ?
- Et vos relevés ou vos factures, tout ce qui rentre et l'argent déjà là, tout cela est-il bien classé dans des dossiers, ou bien est-ce que vous les avez fourrés dans un tiroir sans même les regarder, avec un sentiment de culpabilité ou de frustration ?
- Est-ce que vous laissez votre comptable s'occuper de toutes vos affaires financières sans que VOUS ayez conscience de l'argent qui rentre et qui sort, et donc de vos chiffres ?
- Peut-être aussi que l'intérieur de votre portefeuille est plein de papiers qui n'ont rien à y faire et qui occupent l'espace de l'argent à venir ? Je me rappelle d'un jour où mon portefeuille était plein à craquer. Je me réjouissais de voir mon portefeuille gonflé. Et puis, en l'ouvrant, je me suis rendue compte qu'il n'était pas gonflé d'argent, il était gonflé de reçus.

Si vous vous rendez compte que vous avez répondu oui à chacune de ces questions, cela signifie que vous n'accordez pas d'attention à votre argent. Cela peut même dire – et je pèse mes mots – que vous contribuez au désordre financier de votre vie. Vous vous rendez compte ? Vous êtes un élément qui contribue à ce désordre qui vous empêche d'avoir le succès financier que vous recherchez. Parce que, sans le vouloir, vous repoussez l'argent. Ce n'est pas votre but, évidemment. Vous voulez attirer et conserver plus d'argent dans votre vie, en appréciant aussi le flux des sorties.

Vous voulez en avoir plus dans votre vie pour pouvoir l'utiliser selon vos désirs. C'est le moment d'adopter un nouveau paradigme financier et d'entreprendre de nouvelles actions prospères. Voici **trois moyens d'arriver à attirer plus d'argent et à en garder plus**.

1. **L'argent adore qu'on lui accorde de l'attention.** L'argent adore être apprécié, respecté et compté, même. Cela me fait penser à ma dernière fille, ma benjamine, qui a une dizaine d'années et qui adore compter les petites pièces de cinq centimes, dix centimes, cela lui permet de parfaire son calcul mental, mais cela lui procure également un sentiment de richesse et d'abondance. Elle adore compter ses pièces.

L'argent adore être compté par elle. Il adore être dépensé aussi. Il adore qu'on parle en bien de lui, qu'on le louange. Il adore être accumulé. Il adore être dans le flux, être échangé, être reçu. Ressentez-vous dans cette entité Argent. Mettez-vous à sa place. Il adore être entouré de personnes puissantes et respectueuses de lui, des personnes qui passent à l'action et qui sont ouvertes à sa réception. Or, nous faisons souvent l'opposé, nous nous plaignons de l'argent. Nous nous y accrochons de façon obsessive. Nous limitons son flux. Nous parlons de l'argent de façon négative, ou nous l'ignorons.

Je vous invite à accorder de l'attention à votre argent. C'est l'un des principes de l'alchimie entre l'amour et l'argent. Accordez-lui de l'attention, et vous verrez que vous pouvez lui accorder encore plus d'attention.

Attention toutefois au type d'attention que vous accordez à l'argent. Lorsque vous lui accordez une attention de mépris, voire d'ignorance, vous placez votre attention négative, sur le manque d'importance, l'absence ou le fait que l'argent commence à se tarir. En revanche, si vous lui accordez toute l'attention et l'appréciation qu'il espère et qu'il anticipe de votre part, vous pourrez utiliser votre énergie à des pensées plus constructives.

2. **Traitez l'argent comme votre meilleur ami.** Traitez l'argent comme votre amoureux ou votre amoureuse, quelqu'un que vous aimez énormément et à qui vous voulez vraiment plaire. Vous voulez tout faire pour que cette personne ait envie de rester dans votre vie. Ou traitez l'argent comme votre meilleur ami, puisque vous voulez lui donner le

même niveau d'intégrité que ce que vous accorderiez à vos amis et vos plus belles relations. Personnellement, je me rends compte que mon mari est mon meilleur ami. Dès lors, il est assez logique pour moi de considérer l'argent à la fois comme mon amoureux, quelqu'un avec qui j'ai envie de passer beaucoup de temps, et qui lui aussi a envie de passer beaucoup de temps avec moi. Mais aussi comme mon meilleur ami, mon meilleur confident, quelqu'un à qui je parle, avec qui je peux partager mes peurs, mes doutes et mes craintes, et qui me soutient, qui me remonte le moral, qui me redonne confiance.

Demandez-vous comment vous nourrissez votre relation avec votre meilleur ami ou avec votre conjoint, et comment vous pourriez étendre ce mode de relation à votre argent dans votre vie. Ainsi, vous pourrez commencer à nourrir et créer une relation harmonieuse avec votre argent.

3. **Développez plus d'intégrité avec votre argent**, l'argent qui est dans votre vie aujourd'hui et celui qui rentre et sort de votre vie, à tout moment. Cette intégrité se produit à deux niveaux : l'intégrité vis-à-vis de vous-même et l'intégrité vis-à-vis de vos actions.

L'intégrité vis-à-vis de vous-même inclut le fait de développer une relation harmonieuse avec votre argent, selon vos valeurs personnelles, comme je viens de le décrire.

L'intégrité dans vos actions face à l'argent peut comprendre, par exemple, le fait de payer vos factures à temps ou le fait d'utiliser votre argent pour le meilleur, dans votre vie et dans la vie des autres. Ou encore le fait de dépenser et de gérer votre argent avec attention. Par ailleurs, l'intégrité dans vos actions face à l'argent peut comprendre aussi le fait d'être conscient de la manière dont vous gérez votre argent, dont vous l'épargnez, dont vous l'investissez, etc. En effet, ce que vous ressentez et pensez face à l'argent va déterminer la manière dont vous le traitez et le gérez.

JEU ALCHIMIQUE

Je vous invite à noter dès maintenant une, deux ou trois actions spécifiques que vous allez entreprendre pour cesser de repousser l'argent de votre vie. Comment allez-vous accueillir un plus grand flux et une plus grande abondance d'argent dans votre activité et dans votre vie, dès aujourd'hui ?

Voyons un autre aspect qui pourrait déterminer le manque de flux d'argent dans votre vie. Ici, je vais vous proposer de vous demander où vous ne recevez pas l'argent facilement, et où vous ne le donnez pas facilement. Il existe des personnes dont nous avons du mal à recevoir de l'argent ou à qui nous sommes mal à l'aise de donner de l'argent. Vous voulez vous ouvrir à l'argent, et vous voulez dès lors recevoir aisément l'argent. Beaucoup d'entre nous, comme moi-même d'ailleurs, nous avons appris, enfant, qu'il valait mieux donner que recevoir. Cela vient de notre éducation judéo-chrétienne, pour la plupart.
Il vaut mieux donner que recevoir. Or l'inverse est tout aussi vrai.
Vous ne pouvez pas donner si vous n'avez pas appris à recevoir d'abord.
L'énergie avec laquelle vous allez donner sera différente si vous aimez recevoir que si vous n'aimez pas recevoir, ou si vous vous fermez au mode de réception. Les deux énergies, les deux types d'actions, doivent être combinées et travailler ensemble pour que vous puissiez expérimenter l'abondance qui est disponible à tout le monde. Dire qu'il vaut mieux donner que recevoir, c'est comme dire qu'il vaut mieux expirer qu'inspirer. Imaginez cela. C'est ridicule, car il est essentiel de pouvoir respirer de façon harmonieuse, et autant aimer inspirer qu'aimer expirer.
Vous savez également que si vous n'expirez pas, vous ne pouvez pas inspirer. Faisons un parallèle avec l'argent : tant que vous ne dépensez par votre argent, vous ne pouvez pas

l'inspirer. Vous ne pouvez pas le recevoir. Les deux sont importants : donner suit recevoir. Donner vient après recevoir. Recevoir est suivi par donner. C'est le cycle de l'abondance.

Lorsque vous refusez, soit de donner, soit de recevoir, vous stoppez le flux. Vous le freinez. Vous le bloquez. C'est aussi simple que cela. Beaucoup d'entre nous sont mal à l'aise, lorsqu'ils reçoivent des compliments, des dons et surtout de l'argent. Nous évitons de recevoir, ou bien nous nous diminuons, lorsque nous recevons un compliment ou une forme de reconnaissance. J'ai même connu des personnes qui me rendaient les cadeaux que je leur faisais, tellement elles étaient mal à l'aise. Elles refusaient tout simplement le cadeau. Imaginez mon ressenti, alors que mon cœur était grand ouvert. Heureusement, j'ai appris à ne plus être touchée par ce genre de réaction étonnante.

Est-ce que vous avez du mal à recevoir un compliment ? Est-ce que vous avez tendance à dire « oh, ce n'est rien » ? Ou vous recevez un merci et vous répondez « de rien » ? Ce sont de petites choses, mais qui indiquent votre ouverture ou votre plus ou moins fermeture à la réception de « cadeaux ».

Personnellement, je me suis rendu compte à un moment que je portais une espèce de cuirasse qui m'amenait à un mode de fonctionnement automatique où il me semblait poli de dire non, avant même de recevoir un cadeau ou lorsque je le recevais ; pareil pour un compliment, ou une proposition d'aide. Je n'étais pas ouverte à recevoir cela. J'étais comme une bouteille fermée dont j'avais oublié d'enlever le capuchon. À partir de là, je me suis dit *quel processus est-ce que je pourrais mettre en place pour m'aider à apprendre à recevoir ?*

C'est un processus que j'utilise toujours et que j'ai enseigné à beaucoup de participants à mes ateliers et formations certifiées. Aujourd'hui, je le partage avec vous, dans ces pages.

Chaque fois que quelqu'un vous offre un compliment, vous louange, vous donne un cadeau, vous propose son aide, ou vous offre une opportunité, utilisez ce processus, et vous serez étonné de l'abondance qui se manifestera dans votre vie.

Ce Processus de réception comporte cinq étapes :

1. Quand quelqu'un vous fait un compliment ou vous offre un cadeau, **faites une pause**. Souvent, nous disons merci très rapidement, comme pour cacher notre malaise. Vous voulez au contraire prendre le temps de recevoir. Faites une pause.

2. Ensuite, **prenez une profonde inspiration** et rappelez-vous ce que c'est que de recevoir en inspirant le bien-être de la réception.

3. **Recevez le cadeau.** Si vous recevez quelque chose de tangible et de concret, prenez-le dans vos mains et ressentez cette possession physique. Et si c'est quelque chose d'intangible, comme un compliment, une suggestion ou un conseil, laissez-le entrer dans vos cellules.

4. **Dites merci** sans vous justifier, ni vous diminuer. Dites merci sans ajouter de commentaire, comme « tu n'aurais pas dû », ou « je te revaudrai ça », ou « ce n'est rien », pour un compliment.

5. Maintenant que vous « possédez » cette chose ou ce compliment, **choisissez ce que vous allez en faire**. Est-ce que vous allez le garder, le parcourir, le thésauriser, l'épargner, le vendre ou le mettre de côté ? Après tout, vous l'avez reçu. Il est à vous, maintenant. C'est un choix que vous pouvez faire.

Cette étape fut celle qui a eu le plus d'impact sur moi, parce que je n'avais plus à éviter de recevoir un cadeau, au risque de me retrouver avec quelque chose que je ne voulais pas, ou de me sentir forcée de dire que j'appréciais ce que j'avais reçu. Je le recevais avec plaisir, avec la joie d'avoir reçu une forme d'appréciation, et puis ensuite je me donnais la possibilité de décider de ce que j'allais en faire. Dès lors, le cycle de l'abondance a continué à s'installer dans ma vie.

Sachez également que le flux s'installe et s'accroît dans votre vie ET dans la vie de la personne qui vous a offert ce cadeau ou ce compliment.

Le cycle correspond à donner et recevoir, expirer et inspirer. C'est le mouvement de la vie. Le mouvement de l'abondance. Ce que vous recevez, vous pouvez en disposer selon votre désir. Si vous êtes ouvert pour le recevoir.

J'anticipe que la prise de conscience de ce flux et de ce cycle du don et de la réception, de l'expiration et de l'inspiration, vous attirera plus d'abondance et plus de prospérité, et vous permettra de recevoir plus facilement la prospérité qui est là partout autour de vous, simplement en vous autorisant à la recevoir.

Appliquez ce huitième principe de l'alchimie entre l'amour et l'argent : ouvrez-vous à l'argent, recevez-le, ouvrez-vous à l'abondance, recevez-la. Et rappelez-vous que l'argent est là pour vous aider à adopter de nouveaux modes de pensée, de nouveaux paradigmes, dont celui-ci, et à entreprendre de nouvelles actions qui vont transformer votre expérience avec lui.

C'est ce que je vous encourage à mettre en place, chaque jour dans votre vie et dans votre activité. Ne vous laissez plus imprégner par les anciens paradigmes du dur labeur lié aux croyances que l'argent n'est jamais là quand on a besoin de lui, qu'il va toujours dans la poche des mêmes personnes et que c'est injuste.

C'est fini, de croire cela. Au contraire, croyez que vous êtes tout-puissant, que l'argent a besoin de vous pour pouvoir réaliser l'œuvre divine à travers vous. Et croyez que vous êtes le meilleur des véhicules pour lui permettre de se réaliser. Mettez cela en pratique avec plaisir.

Notez ce que vous arrivez à manifester, et ce qui se produit comme contraste dans vos désirs de manifestations, pour pouvoir les transformer en nouvelles pensées et actions. Tenez un journal de votre abondance, de votre prospérité journalière, auquel vous pouvez revenir chaque fois que vous doutez.

Chaque fois que vous laissez votre mental vous faire croire que l'abondance ou que l'argent n'est pas là, que vous n'avancez pas, rappelez-vous que vous vous rapprochez de votre objectif. Vous avancez tous les jours. Tout dans la vie vous permet d'avancer. Continuez à croire que l'argent vous aide à vous ouvrir au nouveau. Continuez à vous ouvrir, à recevoir davantage, et c'est ce que vous allez manifester.

POINTS ESSENTIELS À RETENIR
8e principe de l'alchimie entre l'amour et l'argent
L'argent vous aide à vous ouvrir au nouveau

- Pourquoi ne pas travailler et devenir riche, de façon aisée, facile et agréable ?
- Vous allez créer un flux beaucoup plus important de rentrées d'argent, et de sorties et d'appréciation des sorties d'argent, dans votre vie et dans votre activité.
- Vous ne pouvez pas donner si vous n'avez pas appris à recevoir d'abord.
- L'énergie avec laquelle vous donnez sera différente si vous aimez recevoir que si vous n'aimez pas recevoir, ou si vous vous fermez au mode de réception.
- Les deux énergies doivent être combinées et travailler ensemble pour que vous puissiez expérimenter l'abondance qui est disponible à tout le monde.
- Tant que vous ne dépensez par votre argent, vous ne pouvez pas l'inspirer. Vous ne pouvez pas le recevoir. Les deux sont importants : donner suit recevoir. Donner vient après recevoir. Recevoir est suivi par donner. C'est le cycle de l'abondance.
- Lorsque vous refusez, soit de donner, soit de recevoir, vous stoppez le flux. Vous le freinez. Vous le bloquez.

VENEZ TÉLÉCHARGER VOTRE BONUS

Visitez la page qui est exclusivement réservée à vous, chers lectrices et lecteurs de ce livre :

http://faiteslapaixaveclargent.com/bonus

Téléchargez le superbe poster « Les 12 Principes de l'alchimie entre l'amour et l'argent » et son fichier audio, afin d'INSTALLER LA PAIX EN VOUS FACE À L'ARGENT, **et d'activer la manifestation de vos rentrées !**

CHAPITRE 10
L'argent vous aide à être bienveillant

Dans ce chapitre, nous allons apprendre à développer une attitude d'ouverture à la manifestation joyeuse et aisée d'une surabondance d'argent ; une surabondance dans le sens d'une abondance bien au-delà de ce dont vous avez besoin pour vos dépenses de tous les jours. Il ne s'agit pas de faire des excès, mais d'avoir un flux super abondant de rentrées et de manifestations pour développer une vie et une activité toujours plus vraie et authentique, dans la joie et la fluidité.

Le neuvième principe est celui-ci : l'argent vous aide à être bienveillant, et à vous sentir gentil et ouvert aux autres, puisque le stress financier est parti.

Vous reconnaître gentil, agréable ET riche est très amusant. Vous voulez affirmer qu'être agréable et accueillant avec les autres, c'est riche.

Il est important de comprendre que, si 1 % des personnes sur la terre détiennent une fortune, elles n'empêchent pas les autres d'avoir leur part de fortune et de succès.

En effet, il n'existe pas une quantité limitée de la fortune totale de la planète Terre. Au contraire, chacun CRÉE sa fortune au moment où il ou elle lance un nouveau désir ou un nouveau projet, ou refuse le désir d'un certain montant.

Et plutôt que de regarder les riches d'un mauvais œil, il est important de replacer certaines choses à leur place, comme le fait que ce 1 % qui détient toute cette fortune paie 80 % des impôts du monde, alors que 50 % de la population ne paient pas d'impôts. Ce 1 % fournit des emplois à tous les autres. Si ce 1 % n'existait pas, chacun et chacune d'entre nous serait obligé de créer son emploi – ce qui serait une très bonne chose finalement, et ce vers quoi nous nous dirigeons à mon sens –, et l'économie serait totalement différente. Il est important de remettre la balance là où elle est, plutôt que de juger les riches sur ce qu'ils font de mal. Voyez plutôt tout ce qu'ils font de bien, pour pouvoir, vous aussi, vous ouvrir à l'idée d'être riche.

Plus vous restez dans le jugement négatif face à la richesse, plus votre mental vous freine lorsque vous lancez un désir de plus d'argent. Vous vous emprisonnez vous-même entre les murs de la prison de fausses croyances qui vous paraissent bien vraies.

Gentil et agréable, soyez-le avec tout le monde, autant avec les pauvres qu'avec les riches. Ainsi, plus vous vous enrichissez sur votre spirale d'expansion, plus vous voyez votre richesse grandir. En effet, votre niveau de conscience de l'abondance augmentant, vous pourrez rester ouvert à l'afflux de richesse qui l'amplifiera. Votre côté agréable et gentil accumule l'argent, puisque la richesse – grâce à la loi d'attraction – a un effet de loupe sur nos qualités, donc sur notre richesse. Elle amplifie ce que nous sommes déjà.

Pensez à ce que cela veut dire. Vos peurs face à l'argent et à l'augmentation de votre richesse vont prendre de l'ampleur. En revanche, si vous ressentez confiance et tranquillité d'esprit, quoi qu'il arrive, votre richesse augmentera ce sentiment de paix de l'esprit.

Vous voulez vous ouvrir à tout ce qui est, et accepter tout ce qui est, de la pauvreté jusqu'à la plus grande richesse, avec toutes leurs nuances.

Et vous pouvez être fier de lancer de nouvelles fusées de désir et de vouloir chaque fois plus, ou mieux. Non pas du fait d'un sentiment d'insatisfaction permanente, mais parce que vous savez que vous êtes sur votre spirale d'expansion et que vous ne pouvez pas faire autrement que de vouloir aller plus loin et grandir.

Une cliente m'a partagé son ressenti ainsi : *Je veux prendre de l'ampleur de l'intérieur, et forcément prendre de l'ampleur de l'extérieur.* Votre développement intérieur se manifeste dans votre richesse extérieure.

Il est important également de développer fierté et confiance en soi. Les personnes qui sont riches, prospères et agréables ne sont pas arrogantes. Elles sont claires. La richesse procure la clarté. Elles sont claires sur ce qu'elles veulent et sur ce qu'elles laissent entrer dans leur monde. Elles sont claires sur leurs limites. Elles sont claires sur les remerciements qu'elles veulent exprimer, face à ce qui rentre dans leur monde. Elles savent clairement ce qu'elles donnent au monde. Et elles l'affirment.

Cela peut être pris ou considéré comme une forme d'arrogance par d'autres personnes ayant un « petit esprit », ou une « petite vision » d'elles-mêmes. Ces personnes qui se maintiennent « petites » par crainte de devenir méchantes si elles sont riches – une belle croyance. Ou parce qu'elles ont peur de leur grandeur. Elles restent dans leur limitation à entretenir de fausses idées sur la société, et jugent l'assurance des personnes riches comme une forme d'arrogance.

Comme je le dis souvent, la plus grande richesse et la plus grande pauvreté correspondent à des niveaux de conscience tellement différents que c'est comme si elles voguaient dans deux bateaux différents sur l'océan de la vie, deux bateaux ne pouvant pas se rencontrer en chemin. Elles ne peuvent pas se fréquenter, sauf si la plus grande richesse se penche sur le sort de la plus grande pauvreté, dans l'amour ; sauf si un sentiment d'amour permet à certaines personnes extrêmement riches et épanouies, et dès lors extrêmement aimantes, de se rapprocher des personnes de l'autre extrême. Et, inversement, si une personne extrêmement pauvre se trouve dans l'acceptation totale et la compassion d'une personne suprêmement riche.

C'est le jugement opéré par le mental qui rend une extrémité invisible de l'autre extrémité de la richesse.

Si vous voulez accéder à une nouvelle spire plus riche et plus abondante de votre spirale d'expansion, commencez par apprécier les personnes qui s'y trouvent déjà. Et commencez par vous apprécier, parce que vous voulez être « apprécié » et prendre de l'ampleur.

Dans ce désir d'expansion, vous appréciez l'Univers qui vous encourage à faire ce saut. Dans cette appréciation et cet amour de vous-même, que vous vous autorisez à vibrer et à recevoir, vous pourrez plus facilement faire ce saut que si vous restez dans le jugement qui vous maintiendra dans le bateau de la pauvreté, à des milles de celui de la richesse que vous voulez atteindre.

Vaut-il la peine d'être riche ?

La richesse vaut le coup, et en même temps elle accélère les contrastes que nous craignons. Vous l'avez sûrement remarqué, un jour ou un moment où vous vous êtes senti plus riche qu'auparavant parce que vous avez reçu une somme d'argent inattendue, ou que quelqu'un vous a donné quelque chose de grande valeur.

La richesse supprime les limitations. Que ce soit une bonne chose ou une mauvaise chose dépend de la mesure dans laquelle vous aviez besoin de cette limitation. Par exemple, disons que vous avez des problèmes d'addiction à l'alcool ou aux gadgets électroniques. Être riche pourrait être fatal pour vous. Avoir plus de richesse ne va faire qu'amplifier cette addiction.

En général, la richesse amplifie l'état d'être des gens. Si vous êtes quelqu'un d'horrible, avoir plus d'argent vous rendra encore plus horrible. En revanche, si vous êtes bienveillant, que vous avez un but et une vie qui a du sens pour vous, alors l'argent vous donnera plus de liberté de ne vous focaliser que sur ce qui est important pour vous. La richesse est liée au sentiment de liberté.

L'un des plus grands dangers de la richesse, c'est que souvent elle encourage les gens à se couper du reste de la société, par peur de ne pas être compris ou d'être jugé. C'est ce que l'on voit dans la société actuelle : les riches sont montrés du doigt en France. Ils doivent fuir la France s'ils veulent pouvoir continuer à se développer et être des entrepreneurs audacieux. Ils se coupent du reste de la société également du fait de la croyance qu'ils sont meilleurs que les autres. C'est une croyance qui est fausse. Ce n'est pas parce que vous êtes riche que vous avez tout compris. Nous sommes tous un. Il est important de garder cela à l'esprit dans votre parcours sur votre spirale d'expansion.

Certaines personnes qui ont expérimenté des rentrées inattendues de richesses, en ont ressenti des effets psychologiques évidents. Je veux prendre pour exemple plusieurs jeunes de mes connaissances qui ont rapidement gagné de l'argent sur Internet et qui, tout à coup, se sont retrouvés avec beaucoup plus d'argent que nécessaire. Ces personnes ne savaient pas quoi faire de leur argent. Elles se sont vite rendu compte que le fait d'avoir autant d'argent et de pouvoir s'acheter tous les objets ou symboles de statut plébiscités par les médias leur avait retiré toute excitation et tout désir pour ces choses qu'ils ne pouvaient s'offrir avant.

Je pense à un jeune client qui est devenu très prospère en vendant plusieurs start-ups. Il était obsédé par les belles voitures. À 26 ans, il s'est acheté sa première Porsche, la voiture dont il rêvait. Il s'est vite rendu compte que réaliser ce rêve n'avait pas installé en lui le sentiment de bonheur suprême qu'il recherchait. En tous les cas, pas longtemps. La déception et l'ennui ont rapidement pris le relais.

En tant qu'enfant, il avait des problèmes d'estime de lui-même, et le fait de devenir prospère et de réussir fut pour lui une manière de valider sa propre estime de soi. Mais aussi de prouver aux autres qu'il n'était pas inférieur à eux.

Il pense encore aujourd'hui que son plus grand talent c'est son ambition et sa détermination à réussir dans tout ce qu'il entreprend. Cependant, son estime de soi trop faible et l'argent se sont révélés être une combinaison dangereuse. Avoir une Porsche et tous ces autres biens tant désirés n'était plus suffisant. Sur les trois années qui ont suivi son succès, il s'est acheté cinq Porsche, outre d'autres voitures de référence.

Il était devenu addict à l'achat de ces symboles, pour attirer l'attention et donner envie aux gens de passer du temps avec lui, du fait de ce qu'il possédait et de ce qu'il pouvait leur donner, que ce soit une soirée de rêve ou des conseils commerciaux sur la création de start-up sur Internet, par exemple, et non pas pour qui il était.

Son niveau d'estime de lui-même n'était pas élevé, et son argent était comme une espèce de bouclier qu'il utilisait pour que les gens qu'il attirait ne voient pas le garçon timide, manquant de confiance en lui, qui se cachait derrière cette façade étincelante.

Ce client m'a confié être bien content d'avoir de l'argent. Et qu'il préférait en avoir que de ne pas en avoir, puisque cet argent lui a permis d'être quelqu'un de libre et de vivre des expériences que beaucoup d'autres personnes ne pourront jamais vivre. La première année de la vente de sa start-up, il a pris vingt-cinq périodes de vacances différentes. À d'autres moments, il dépensait facilement 20 000 €, juste pour sortir, même seul, dans l'un de ses moments de creux et de solitude extrême.

Cependant, il m'a avoué que la prise de conscience la plus puissante que la prospérité financière lui a apporté, c'est qu'il s'est demandé ce qu'il était supposé faire ensuite.

C'est la question que je me pose depuis quelque temps. J'ai réussi à réaliser tous mes désirs d'abondance et de richesse.

Arrive le moment où vous vous demandez *et maintenant, qu'est-ce que je fais ? Maintenant que j'ai obtenu tout ce qui était le plus important pour moi, qu'est-ce que je fais ? J'ai servi beaucoup de personnes. Et si je savourais le plaisir de tout ce que j'ai donné ? Et ensuite ?*

Le paradigme de la société, c'est de travailler dur et de gagner toujours plus d'argent. Il maintient la plupart des gens focalisés sur le fait de gagner plus, sur le fait de grimper les échelons, de faire avancer sa carrière et d'atteindre ses buts. Mais lorsque vous avez atteint votre but financier très jeune, voire même plus tard, cela engendre une situation inconfortable.

Cette personne dont je parle avait consacré de longues années à cette vision carriériste. Maintenant qu'elle fait l'expérience de la richesse, elle se demande si c'est ça l'important. L'argent était très important pendant ces premières vingt-cinq années, et maintenant qu'il n'est plus si important, elle se demande *qu'est-ce que je suis supposé faire du reste de ma vie ?* Imaginez-vous vous poser cette question.

Plutôt que de travailler tout le temps, comme la plupart des gens, et penser constamment à l'argent, le gagner et le dépenser, tout à coup il s'est retrouvé avec tout le temps de se demander qui il était et ce qui importait pour lui. Ce sont toujours les mêmes questions existentielles qui se posent, aux différents niveaux de succès. Et répondre à cette question est la partie la plus cruciale de notre vie.

Ce client, après plusieurs années, a réussi à dépasser cette peur, et a commencé à s'apprécier. Il a commencé à s'aimer et à lâcher son comportement saboteur et autodestructeur.

La richesse, c'est ce que la plupart des gens veulent obtenir à leur niveau de conscience actuelle. Dans la société, ce désir prend la forme de la poursuite matérialiste de la richesse.

Devenir riche rapidement peut créer une espèce de chaos dans votre vie. Cela dépend du type de personnes que vous êtes. Pendant quelques années, vous pouvez partir dans tous les sens. L'argent arrive en trombe et affecte votre sentiment de sécurité de telle manière que vous ne réfléchissez plus à ce que vous faites.

Cette abondance et cette surabondance vous permettent de faire face à vos problèmes, de travailler sur votre manque d'estime de vous-même, et sur la notion de « manque de temps ». Certains le font par à-coups, en gagnant chaque fois un peu plus, d'année en année. D'autres le font d'un bond.

L'argent est l'un des meilleurs moyens de vous transformer, et d'avancer sur votre spirale d'expansion

Je suis arrivée à la conclusion que la seule chose qui compte, dans ce plan physique dense, c'est la joie, le bonheur et le bien-être au quotidien. Rechercher ce bien-être au quotidien, c'est être dans l'instant présent. C'est être dans la joie, dans la générosité du cœur, qui fait que l'argent vient amplifier cette joie.

Aimez-vous, appréciez-vous à chaque seconde. Et vous serez déjà, ici et maintenant, riche ET agréable. Vous attirerez et manifesterez vos désirs, par votre seule présence, par votre seule vibration.

Vous ne chercherez plus à accumuler pour avoir des millions sur un compte, ou pour vous protéger, de peur d'agression extérieure, ou de pertes possibles.

Vous serez agréable et riche parce que vous aurez choisi, par votre intention de bien-être au quotidien, d'être dans le flux des rentrées et des sorties affluentes.

Entretenez la confiance et l'assurance de toujours avoir ce dont vous avez besoin, et même plus. L'Univers pourvoira toujours à vos besoins, et il le fait déjà.

Vous pourrez vous regarder dans le miroir et vous rendre compte que vous vous aimez, et que cela se justifie.

Remerciez l'argent, cette entité Argent qui vous aide à avancer. Trouvez du soutien. Cherchez des conseils auprès de vos amis. Et renouez souvent avec votre alignement et votre perception de l'abondance.

Vous voulez être un millionnaire de cœur. Vous voulez être riche, généreux, agréable, gentil, assuré et plein de confiance. Un modèle d'abondance pour les autres. C'est ce que je vous souhaite.

JEU ALCHIMIQUE

Soyez un modèle de surabondance

Posez-vous la question *qu'est-ce que je veux réellement ?*

Vous pouvez faire des choix joyeux et légers, plus seulement axés sur comment gagner de l'argent ou comment en avoir plus.

Lancez l'intention d'être riche et agréable. Soyez bienveillant et aligné, dans votre activité et votre vie. Voyez ce que cela change dans votre manière de gérer votre activité, vos décisions, vos choix et votre pouvoir.

Créons une communauté de personnes qui sont riches et agréables, qui rayonnent, qui offrent de l'emploi à des millions d'autres personnes, et qui inspirent des millions de personnes à créer leur propre entreprise.

Ainsi, le vortex de l'abondance réelle s'amplifiera encore plus.

Oui, l'argent vous aide à être encore plus bienveillant.

POINTS ESSENTIELS À RETENIR
9e principe de l'alchimie entre l'amour et l'argent
L'argent vous aide à être bienveillant

- Répétez l'affirmation : « Être agréable et accueillant avec les autres, c'est riche. »
- Chacun CRÉE sa fortune, au moment où il lance un nouveau désir ou un nouveau projet.
- Plutôt que de juger les riches en mal, voyez tout ce qu'ils font de bien. Sinon, votre mental vous freinera lorsque vous voudrez être riche.
- Soyez gentil et agréable avec tout le monde, ainsi, lorsque vous serez riche, vous verrez votre richesse continuer à grandir.
- Votre côté agréable et gentil accumule l'argent, étant donné que la richesse amplifie nos qualités, et dès lors notre richesse. L'argent amplifie QUI nous sommes déjà.
- Si vous vibrez confiance et tranquillité d'esprit, quoi qu'il arrive, votre richesse amplifiera votre sentiment de paix.
- Soyez fier de lancer de nouvelles fusées de désir et de vouloir chaque fois plus ou mieux.
- Dites-vous *je veux prendre de l'ampleur de l'intérieur*, en sachant que cette ampleur intérieure se manifestera dans votre richesse extérieure.

VENEZ TÉLÉCHARGER VOTRE BONUS

Visitez la page exclusivement réservée à vous, chers lectrices et lecteurs de ce livre :

http://faiteslapaixaveclargent.com/bonus

Téléchargez le superbe poster « Les 12 Principes de l'alchimie entre l'amour et l'argent » et son fichier audio, afin **d'INSTALLER LA PAIX EN VOUS FACE À L'ARGENT et d'activer la manifestation de vos rentrées !**

CHAPITRE 11
L'argent ne peut pas vous sauver

> « *Par-delà les idées du bien et du mal,
> il y a un champ. Je t'y retrouverai.* »
> (Rumi)

Beaucoup de personnes croient que, dès qu'elles auront de l'argent, plus d'argent, ou beaucoup d'argent, elles seront sauvées de leurs peurs ou de leurs limitations. Ce n'est pas à cela que sert l'argent. L'argent ne va pas vous sauver. Il ne peut pas vous sauver, surtout pas vous sauver de vous-même, de votre tendance à vous considérer petit, à ne pas vous estimer, à ne pas vous aimer.

L'argent est votre partenaire privilégié dans la vie et dans votre activité professionnelle. J'aime parler d'Argent Chéri, ou de Fortune Chérie. L'argent est votre partenaire de cœur, et il est là pour vous mettre au défi et vous inspirer à donner et à être le meilleur de vous-même.

À mon sens, l'argent aujourd'hui est LE vortex à travers lequel nous pouvons évoluer au mieux et le plus rapidement possible. Un peu comme dans un couple, ou dans un partenariat. Le fait d'être confronté à un partenaire nous met face à notre propre miroir. Le miroir de nos pensées, de nos croyances, de nos faiblesses, mais aussi de notre grandeur, de notre être divin. Nous avançons beaucoup plus vite si nous nous donnons la peine de savoir ce que nous dit ce miroir, et si nous ne rejetons pas toujours la faute sur le miroir ou sur ce que nous voyons dans le miroir.

Pensez à cela. Tel est le dixième principe de l'alchimie entre l'amour et l'argent : **l'argent ne peut pas vous sauver**, et surtout pas vous sauver de vous-même.

Je discutais, il n'y a pas si longtemps, avec un client qui m'a confié être issu d'un couple plutôt contradictoire, son père étant millionnaire, et sa mère venant de l'Assistance Publique. Il a donc grandi dans un univers plutôt partagé, voire déchiré. Étonnamment, il voyait constamment son père malheureux et sa mère malheureuse. Riche ou pauvre, il avait l'impression que cela n'avait pas d'importance, et que ses parents n'étaient pas heureux, tout simplement. Ce client m'a expliqué avoir recherché une explication à cette situation pendant toute sa vie d'adulte.

Après des années d'efforts pour devenir riche (pensant que la stratégie de vie de son père était la bonne), il a développé une start-up sur Internet qui a porté de très beaux fruits jusqu'en 2000, où elle a plongé. Pour oublier sa « défaite », il s'est mis à jouer à des jeux vidéo toute la journée, jusqu'au moment où il a accepté l'idée de devoir retourner travailler. Il avait résisté longtemps à cette réalité, puisqu'il avait été très prospère, indépendant et riche. Tout à coup, il se retrouvait proche de la situation de sa maman, à devoir recommencer à travailler pour pouvoir survivre.

Il m'a raconté avoir vécu une énorme crise existentielle qui l'a mené à vivre dans un ashram pendant plusieurs années. Il a recommencé à travailler dans un emploi lié à l'informatique puisque c'était son domaine. Mais a été remercié.

Finalement, il a décidé de traverser une sorte de rituel d'initiation puisqu'il a ressenti que son ancien moi et ses anciennes stratégies de survie devaient mourir, pour pouvoir découvrir une nouvelle manière de fonctionner. Il a perdu ou donné tout ce qu'il avait et a vécu dans un taudis, sans eau et sans électricité, tout en pratiquant le yoga et en suivant les enseignements d'un maître indien.

Bizarrement, tout ce à quoi il s'accrochait disparaissait. Par exemple, sa collection de BD lui fut volée. Ensuite, il a perdu ses effets personnels. Tout cela au long des dix années qui ont suivi ce qu'il a ressenti comme un échec. Selon lui, beaucoup de personnes ont besoin de vivre ce genre de processus mais n'ont pas les moyens de le faire, dans la culture actuelle, où il manque des mentors ou de sages professeurs qui permettent à notre enfant intérieur de se révéler et de grandir.

Cet homme m'a avoué que, tout au long de son parcours à travers sa vie actuelle, il a compris que ce processus de maturité est essentiel pour nous permettre de « survivre à la prospérité » et de nous sauver nous-même de nos propres croyances et limitations, face à la prospérité.

Lui-même a eu besoin de temps. Il a eu besoin de plusieurs années pour comprendre comment ne plus être motivé uniquement par la rancune, ou cette petite voix qui lui murmurait *je vais leur montrer que j'ai raison* – plutôt que d'être en contact avec une motivation beaucoup plus authentique.

Aujourd'hui, cette personne me dit que si elle gagnait à la loterie aujourd'hui, elle saurait gérer cette nouvelle prospérité et utiliser cette abondance d'argent pour améliorer sa vie et celle des autres.

Ce qu'elle m'a surtout dit, et qui m'a étonnée, c'est que son bonheur ne dépend plus des choses extérieures. Ses apprentissages spirituels lui ont appris que le bonheur n'est pas contenu dans un objet ni dans une réalisation matérielle.

Si le bonheur résidait dans des objets extérieurs, une barre de chocolat nous rendrait heureux, même si nous en avions la nausée, et une bague exhibant un diamant de 50 carats nous rendrait heureux, même si nous tombions d'un avion sans parachute.

Notre bonheur dérive d'un sentiment très clair de nous-mêmes, délivré de nos cinq sens et libre de nos pensées et fausses croyances, et de tout attachement au corps ou à l'esprit. Même la mort est comprise et accueillie dans cet état de bonheur.

Grâce à ce vécu, cette personne m'a dit avoir atteint une pensée philosophique qui lui permet d'avoir un esprit beaucoup plus souple et beaucoup plus adaptable que le pragmatisme de l'Occident.

Ce lieu vibratoire, qui se situe au-delà des idées du bien faire ou du mal faire, ce no man's land, est le lieu où réside le bonheur. Et c'est ce même champ vibratoire qui se situe entre ce que nous aimons et ce que nous n'aimons pas. C'est le juste milieu dont parlent les bouddhistes.

Nous pouvons entraîner notre esprit à nous libérer de la dualité « j'aime - je n'aime pas », « pauvreté - richesse ». Pauvre ou riche, l'idée est de rester nous-même.

Comment vous sauver vous-même, sans plus attendre que l'argent vous sauve ?

En reconnaissant le fait qu'il y a toujours suffisamment assez d'argent et d'abondance, par rapport à ce que nous demandons. Il existe une réserve universelle.

Chaque individu est légitime dans sa demande d'avoir assez. Assez, pas seulement pour survivre, mais assez pour pouvoir faire face à tous ses besoins. Parce que c'est la fonction de l'Univers de pourvoir à tous les besoins de l'homme. Tout est là pour l'homme.

C'est quelque chose que vous voulez retenir : tout est là pour moi. Tout est là pour moi. Le soleil brille pour moi. Les rivières coulent pour moi. Les fleurs s'épanouissent pour moi.

Ma croyance, que je vous partage ici, c'est que si l'homme ou l'être humain cessait d'exister, tout cela serait inutile à l'Univers ou ne représenterait rien. C'est l'être humain qui donne un sens, une utilité, une valeur et un but à l'Univers.

N'oubliez pas que vous êtes une petite goutte d'eau issue du grand océan de l'Univers. Tout ce qui existe dans cet océan de l'Univers n'a de sens que parce que l'homme est capable de le lui donner.

Et, il y a bien assez de choses, de pensées, de biens, dans cette unité universelle, dans ce Un universel, pour que chacun puisse répondre à tous ses désirs personnels sans devoir aller voler quelque chose à l'autre.

La réserve infinie est là, tout autour de nous. Elle nous est disponible. Ce qui se passe, c'est que nous n'avons pas appris à demander. Au contraire, les autorités de notre enfance nous ont lus souvent appris à nous « contenter de ce que nous avions ». Nous ne savons pas demander, et dès lors, nous ne demandons pas ce qui nous revient.

Dites à l'Univers : « Pourvois à tous mes besoins. »

Nous sommes l'Univers. L'Univers est en nous. Reconnaissons-nous en tant qu'Esprit ou Source.

Vivre correctement, c'est vivre en accord avec ce qui est juste pour nous. C'est obéir à notre propre conscience, et à partir de là, tout devient nôtre.

Toute chose est une manifestation de la substance unique qu'est l'Univers. Tout est manifestation du divin ou de l'Univers. Les euros ou les dollars aussi ; l'argent aussi. L'argent est une manifestation du divin.

Dès lors, demandez l'argent dont vous avez besoin, et l'Univers pourvoira à vos besoins.

JEU ALCHIMIQUE

1. Vivez en étant fidèle à vous-même et en vous honorant, en vous reconnaissant comme divin et puissant.
2. Vivez spirituellement, en étant connecté à la Source. Donnez la première place dans vos pensées à la Source d'où tout provient.
3. À partir de là, tout vient à vous.

Ne donnez pas d'importance d'abord aux choses, mais bien à la Source qui crée les choses.

Dès lors, n'accordez pas d'importance d'abord à l'argent, mais bien à votre attitude intérieure qui attire l'argent. C'est l'intérieur qui crée l'extérieur.

Faites-vous confiance. Vous devez avoir foi en vous-même, parce que vous êtes la manifestation de l'omnipotence de l'Univers. Vous pouvez tout.

La foi est la manifestation de la bonté même de l'Univers, c'est la manifestation de tout ce qui est juste, c'est la manifestation de l'Unité universelle. Vous devez avoir foi dans la Vie que vous êtes, pour pouvoir puiser dans la réserve tout ce dont vous avez besoin pour exprimer le meilleur en vous. Et une fois que vous avait fait votre demande, laissez les choses venir à vous. Telle est la porte qui mène à la richesse.

N'oubliez pas que les choses viennent après les pensées. Nous voulons l'argent, nous voulons le pouvoir et l'influence en premier. Alors que toutes ces choses-là ne sont que le résultat de votre puissance intérieure.
D'abord, vous devez faire un avec cette puissance et devenir cette puissance, ce pouvoir universel et divin. Les choses désirées viendront après. Pensez à inverser le processus habituel du mental, pensez d'abord à partir de l'intérieur, à partir de votre être, et l'extérieur viendra.
Alors vous redevenez maître de la manifestation et de la création. Et les biens matériels, les choses, reprendront leur juste place. Ils ne seront plus votre dieu.
Vous écouterez les paroles de votre âme, les messages intérieurs que vous recevez, et ensuite vous lâcherez prise en sachant que le divin fait son travail à sa manière, et que ce travail sera accompli pour vous, une fois que vous assumerez cette attitude d'amour et de confiance.
Vous ne pouvez pas échouer parce que le divin ne peut pas échouer. Cela ne peut que fonctionner, lorsque vous remettez le divin en premier lieu, avant les choses, avant le matériel.

Relisez ce chapitre plusieurs fois, parce qu'il comporte énormément de concepts très importants.
Pour terminer, j'aimerais vous citer une phrase d'un acteur que j'aime beaucoup, Jim Carrey. C'est un acteur comique qui a une philosophie de vie très positive et qui commande la manifestation joyeuse de ses rêves. Allez voir ses vidéos sur YouTube. Il est un peu comme Will Smith, maître créateur de sa vie et de ses désirs. Il dit ceci : « Je pense que tout le monde devrait devenir riche et célèbre et faire tout ce qu'il a jamais

rêvé de faire, pour qu'il puisse voir que ce n'est pas là la réponse. » Magnifique phrase de Jim Carrey.

Je vous encourage à vous donner l'autorisation d'être riche et d'être célèbre, si c'est ce que vous désirez, de réaliser et de manifester tout ce que vous voulez, pour vous rendre compte que ce n'est pas là que se situe le bonheur.

Comprenez que ce n'est pas là que se situe le bonheur et créez la définition du bonheur pour vous.

Qu'est-ce que le bonheur ? Il n'est pas seulement défini par l'argent que vous avez ou que vous attirez. Il se définit par des choses beaucoup plus précieuses, comme la famille, les petits plaisirs de la vie, des moments mémorables. C'est être en paix avec vous-même.

Par une belle journée de printemps, je suis allée manger sous les platanes, à Gordes, sur une magnifique terrasse, dans une ambiance très détendue. C'était presque surréaliste, comme situation. Imaginez les hauts murs de la tour d'angle du Château de Gordes, datant du 11ème siècle, avec la musique de Mozart en fond sonore. A un moment, j'ai appuyé sur STOP dans mon esprit, et je me suis dit *quel moment inoubliable ! C'est un souvenir que je garderai toujours en moi.*

Tous mes sens furent imprégnés de la richesse de ce moment. C'est ce que je vous invite à repérer dans votre vie, seconde après seconde, minute après minute. Ces petits plaisirs de la vie qui font que vous vous sentez riche et puissant, et surtout que vous vous sentez bien.

L'argent ne peut pas vous sauver. Choisissez de VOUS sauver vous-même dès aujourd'hui !

POINTS ESSENTIELS À RETENIR
10ᵉ principe de l'alchimie entre l'amour et l'argent
L'argent ne peut pas vous sauver

- L'argent est votre partenaire privilégié. Il est là pour vous mettre au défi et vous inspirer à donner et à être le meilleur de vous-même.

- Comme dans un couple ou un partenariat, il nous met face à notre propre miroir. Le miroir de nos pensées, de nos croyances, de nos faiblesses, mais aussi de notre grandeur, de notre être divin.

- Le processus de maturité face à l'argent nous permet de nous sauver nous-même de nos propres croyances et limitations, face à la prospérité.

- Votre bonheur ne dépend pas des choses extérieures. Il n'est pas contenu dans un objet ni dans une réalisation matérielle.

- La richesse et le bonheur se définissent par des choses beaucoup plus précieuses, comme la famille, les petits plaisirs de la vie, des moments mémorables. C'est être en paix avec vous-même.

VENEZ TÉLÉCHARGER VOTRE BONUS

Visitez la page qui est exclusivement réservée à vous, chers lectrices et lecteurs de ce livre :
http://faiteslapaixaveclargent.com/bonus

Téléchargez le superbe poster « Les 12 Principes de l'alchimie entre l'amour et l'argent » et son fichier audio, afin d'**INSTALLER LA PAIX EN VOUS FACE À L'ARGENT**, et **d'activer la manifestation de vos rentrées** !

CHAPITRE 12
L'argent vous considère comme plus puissant et créatif que ce que vous croyez

L'argent, cette énergie de l'argent, vous verra toujours plus puissant et plus créatif que ce que vous croyez. Il vous montre le chemin vers votre potentiel, et vous aide à manifester un potentiel bien plus grand que celui que vous avez manifesté jusqu'ici dans le monde.

J'aime répéter que l'argent est l'un des meilleurs vortex, ou lieu d'évolution et d'expansion – au niveau de l'individu mais aussi au niveau de l'humanité tout entière. Nous sommes des pionniers, dans notre relation à l'argent. Nous dégageons la voie vers notre capacité d'expansion et d'abondance, voire de surabondance, dans le bon sens du terme.

Nous voyons de plus en plus de millionnaires et milliardaires – qui reconnaissent avoir beaucoup trop d'argent, selon leurs critères personnels –, tel Bill Gates, lancer un nouveau mouvement où cette surabondance est utilisée pour aider ceux qui n'en ont pas, ou qui n'ont pas encore atteint ce niveau, avec le cœur, l'amour et l'âme.

Et vous voulez faire partie de ces personnes qui sont dans la surabondance. Même si vous ne voulez pas nécessairement arriver au niveau de Bill Gates, vous pouvez installer cette vibration de surabondance dans votre vie dès aujourd'hui. Même si vous n'avez pas encore atteint votre niveau d'abondance idéal.

N'oubliez pas que l'argent vous considère toujours comme plus puissant et plus créatif que ce que vous croyez, et il vous montre la voie pour exprimer votre potentiel à un autre niveau.

Comment maîtriser l'argent au niveau spirituel ?

Je vous invite à cocher ce que vous faites déjà ; et ce qui n'est pas encore en place, décidez de le mettre en œuvre sans tarder.

1. **Redéfinissez votre relation avec l'argent.** Est-ce que vous avez une relation d'amour avec l'argent ? Ou ne fût-ce qu'une relation d'appréciation ou d'acceptation joyeuse et légère de l'argent ? Ou avez-vous une relation plutôt négative, une relation qui vous tire vers le bas, une relation où vous avez tendance à voir l'argent comme un monstre ? Ou encore, vous le voyez comme un ami non fiable, sur lequel vous ne pouvez pas compter ; il n'est jamais là quand vous avez besoin de lui et il fuit votre présence ? Redéfinissez votre relation à l'argent en LA relation idéale que vous aimeriez avoir avec un ami. Un ami qui vous adore, un ami qui vous veut du bien. Un ami qui veut vous soutenir dans toutes vos entreprises, et dans toutes vos idées.

Prenez le temps, aujourd'hui, de créer la liste des caractéristiques de cette relation idéale que vous aimeriez entretenir avec cet ami financier, cet Argent Chéri.

2. **Rédigez une NOUVELLE histoire financière qui est digne de qui vous êtes réellement.** Nous traînons tous derrière nous une histoire financière qui est liée à notre passé financier, liée à nos mauvaises expériences, face à l'argent, liée à l'expérience et aux émotions venant de notre famille, face à l'argent. Et il est temps de vous dégager de cette histoire. C'est de l'histoire ancienne. C'est du passé. Elle ne correspond plus à qui vous voulez être, et encore moins à qui vous savez être aujourd'hui. À partir de maintenant, nous allons amplifier la notion de grandeur. Amusez-vous dans les jours qui viennent à rédiger une histoire d'argent digne de cette grande présence que vous voulez être, d'ici la fin de l'année, dans 6 mois, dans 2

ans, ou dans 5 ans. L'histoire financière magnifique de ce maître, de ce grand coach ou entrepreneur que vous êtes et que vous savez déjà être.

3. **Choisissez-vous un pourquoi inspirant.** Un grand pourquoi qui va vous permettre de mener vos projets avec bonne fortune et argent, pour pouvoir grandir. J'ai remarqué qu'il existe un lien entre la perte d'enthousiasme que j'ai ressentie plusieurs fois ces dernières années – même si j'adore toujours ce que je fais – et le fait d'avoir perdu le cap de mon grand pourquoi, de ne plus savoir pourquoi j'ai décidé de développer cette activité.

Et je me suis reconnectée à ce grand pourquoi : c'est pour mes filles que j'ai créé et développé mon activité d'entrepreneure indépendante. Dès l'année 1994, j'ai voulu travailler de chez moi et être une femme autonome et indépendante financièrement. D'abord pour moi-même, pour me sentir mieux dans ma relation avec mon mari. Ensuite, pour inspirer mes filles et être un modèle pour elles, qu'elles puissent se rendre compte qu'il est possible d'être une femme et d'être maître des cordons de sa bourse à soi, sans plus développer de relations de manipulation et d'influence vis-à-vis de son conjoint. Enfin, pour toutes les femmes de la Terre, pour qu'elles récupèrent leur pouvoir de création de leur abondance et de leur liberté selon leurs critères très féminins.

Me relier à ce grand pourquoi m'a réalignée sur l'enthousiasme, la joie et le grand plaisir de faire ce que je fais. Et cela m'a permis de reconnaître que *oui, je suis à ma place et, oui, je poursuis ma voie, peu importe la forme que prendront mes projets d'avenir.*

4. **Vous voulez utiliser une structure ou un système qui a fait ses preuves.** Un système et une structure fondés sur les principes spirituels dont je vous parle dans ces pages, sur cette alchimie entre l'amour et l'argent.

Et un système a également recours à des outils pratiques,

comme ceux que vous recevez dans Aficea[9], DAAA[10], OSE[11], ou via nos info-produits. Pour développer à la fois votre spiritualité et de nouvelles croyances et habitudes financières. Vous devez équilibrer les deux : le côté spirituel et le côté pratique. Voyez si ce système est en place. Vous devez créer et vous approprier VOS système et structure. Dans OSE, par exemple, nous vous aidons à créer votre système à vous, votre système unique. Car personne d'autre ne peut proposer ce que vous proposez, à votre manière. C'est le processus de transformation que vous offrez à vos clients.

5. **Célébrez**. Vous voulez célébrer cet approfondissement spirituel, ou cette profondeur que vous obtenez grâce au travail que vous faites avec vos clients idéaux, ou dans votre relation à l'argent. Vous devez également célébrer votre expansion financière, parce que plus approfondissez votre lien à la Source, au niveau abondance et surabondance intérieure, plus vous vous développez financièrement à l'extérieur.

6. **Partagez tous les bienfaits que vous recevez et ceux que vous réalisez**. Partagez-les avec le monde. Partagez-les avec un maximum de personnes.

Telle est la structure de la maîtrise de l'argent, au niveau spirituel.

Au niveau pratique, il s'agit de déterminer comment investir votre argent, une fois que vous en recevez un flux plus régulier. Où allez-vous le placer ? Nous en parlons également dans la formation DAAA, avec la notion amusante des « bols financiers ».

Faites l'exercice ci-dessus et demandez-vous **laquelle de**

---

[9] Venez chercher votre tutoriel gratuit : 5 étapes pour doubler vos revenus en 60 jours maximum sur http://aficea.com/
[10] Visitez http://aficea.com/aficea-daaa-formationabondance/
[11] Rejoignez-nous en vous inscrivant à la page http://aficea.com/formation-dexpert-consultant-de-la-loi-dattraction/

ces six étapes demanderait à être approfondie, amplifiée, ou transformée.

Être riche

Revenons au sentiment de puissance face à l'argent. Je vais vous poser une question qui va vous aider à mieux vous situer face à la surabondance ou à l'abondance suprême que vous voulez atteindre.

Que veut dire être riche, pour moi ?

Quel est le montant qui correspond à cette richesse ou à ce sentiment de pleine abondance ou de surabondance que vous recherchez ?

Pour moi, la surabondance ne veut pas dire « j'ai beaucoup trop et je ne sais pas quoi en faire, donc je dilapide mon argent », mais plutôt « J'ai trop, c'est super, comment puis-je aider la société ou ma communauté avec ce surplus ? » C'est dans cette vibration de générosité que je considère la notion de surabondance.

Que veut dire être riche, pour vous ? Est-ce que c'est avoir cinq millions d'euros ? Est-ce que c'est en avoir vingt millions ? Cent millions ? Pour certains, ce sera peut-être un milliard. Est-ce lié à un montant et/ou s'agit-il d'un état d'esprit ? Est-ce que pour vous, l'enrichissement est lié à un cœur grand ouvert et comblé, à un état d'esprit plein de vitalité et d'énergie, à un corps sain et à l'amour des personnes qui vous sont chères ?

Notez le sens exact de la richesse, pour vous. En général, nous incluons un peu des deux : l'aspect matériel et financier, et l'aspect enrichissement spirituel.

Il est clair que tout ce que nous pouvons acheter grâce à l'argent nous permet de ressentir une forme d'excitation et beaucoup d'amusement, mais ce sentiment est en général passager.

Il risque de nous faire entrer dans une spirale où nous recherchons sans cesse l'achat suivant ou le prochain objet qui va nous permettre de ressentir à nouveau cette forme d'excitation et d'amusement, puisque ce sentiment dépend d'une action extérieure à nous.

L'argent peut parfois enrichir l'amitié ou l'amour. Voire l'acheter. Et c'est ce que beaucoup de personnes, devenues riches très vite, ou nées riches, ont du mal à vivre. Elles se demandent constamment *est-ce que cette personne est vraiment mon amie ? Est-ce que cette personne m'aime vraiment ? Ou est-ce qu'elle s'intéresse à moi uniquement pour mon argent, ma richesse, ou mon style de vie ?* C'est une question lancinante pour elles.

La vérité, c'est qu'il n'est pas possible de cacher notre richesse. Lorsque vous êtes riche, c'est comme si vous respiriez la richesse. Il y a quelque chose, dans votre attitude, dans votre comportement et vos habitudes, qui fait que les gens la sente. Toute votre vibration transpire la richesse.

Si vous êtes focalisé uniquement sur les achats que vous pourrez faire grâce à votre richesse, vous risquez d'être déçu. J'ai constaté que, très vite, certaines personnes ressentent une forme de désillusion, voire de mépris, de savoir qu'elles peuvent s'acheter toutes ces choses qu'elles désiraient si ardemment quand elles n'avaient pas d'argent. Tout à coup, ces biens matériels ne les intéressent plus. Ils n'ont plus la même valeur à leurs yeux, parce que plus rien ne les empêche de les acheter.

En revanche, si pour vous, être riche c'est avoir une fortune financière mais aussi offrir des bienfaits et faire le bien avec un cœur plein d'amour, et beaucoup d'amour autour de vous – l'amour de vos proches, et le vrai amour de vos amis – vous vous rendez compte que cette fortune n'a pas de prix. Or la fortune, amenée par votre décision intérieure de vous sentir abondant, de vous sentir plein d'amour pour les autres et de recevoir l'amour des autres, est disponible à tout le monde. Plus vous avez d'argent, plus il s'amplifie.

L'argent vous considère comme plus puissant que vous ne le croyez. En effet, il amplifie les valeurs importantes pour vous - tout comme il amplifie vos peurs et vos limitations.

Si vous travaillez dans le but de produire le bien autour de vous, vous poursuivez un but noble qui vous permettra de vous sentir accompli, plutôt que juste avoir le but d'accumuler de l'argent pour pouvoir acheter des biens.

Et, lorsque nous grandissons en sagesse et en richesse intérieure, notre joie passe de l'obtention de biens ou de résultats, au don à l'autre. La véritable fortune et la vraie richesse, c'est arriver à ce niveau de conscience où vous cessez de vouloir obtenir toujours plus, pour entrer dans le don – financier, mais aussi le don de temps, le don d'énergie, le don d'idées, le don de soutien. C'est ce passage de « avoir, posséder, accumuler », à « être, aider, donner ».

Notre enrichissement intérieur et extérieur nous permet de comprendre combien ce passage est précieux et important.

Vous avez certainement entendu cette phrase qui dit que **l'argent est la cause de tous les maux**. Et nous sous-entendons que c'est l'amour de l'argent qui en est la cause.

Or l'amour reste l'amour. L'amour ne sera jamais quelque chose de négatif. Même l'amour de l'argent. Nous entendons plus souvent parler de luttes à cause de l'argent, qui co-créent des blessures de tristesse et de tragédie, que de personnes qui, par amour pour l'argent, font le mal autour d'elle. L'amour reste l'amour.

Transformez cette fausse croyance, sinon vous rejoignez les rangs des personnes qui s'empêchent d'être riches parce qu'elles croient qu'aimer l'argent est mauvais.

Toutes les formes de richesse (qu'il s'agisse d'avoir une tasse de thé entre les mains ou d'avoir un toit au-dessus de sa tête, en passant par pouvoir faire un voyage autour du monde ou aider des personnes dans le besoin), vous voulez les accueillir avec conscience et gratitude, pour que votre âme puisse continuer à se sentir touchée par cette joie, et à toucher les autres avec ce sentiment de joie.

La gratitude pour toute forme de richesses – même si vous n'avez pas encore atteint le niveau de richesse que vous désirez avoir aujourd'hui – vous permet de rayonner la joie et de continuer à l'entretenir régulièrement – et pour toujours, tant que vous êtes dans cette gratitude.

Reconnaissez que vous êtes abondant. Reconnaissez que vous êtes déjà riche et que vous êtes déjà dans la surabondance, par rapport à d'autres.

Reconnaissez l'argent qui est déjà là. Reconnaissez l'état d'esprit dans lequel vous êtes aujourd'hui, grâce à votre relation à l'argent, grâce à ce travail de développement personnel que vous faites sur vous-même, en tant que coach, thérapeute, entrepreneur, artiste, mais aussi en tant que parent ou enfant.

Reconnaissez la valeur de cette abondance qui est déjà là. Remerciez pour l'abondance déjà là et vous pourrez vous sentir riche de toutes les manières possibles. Vous pourrez vous sentir dans la gloire de cette richesse déjà là, plutôt que de laisser le mental vous montrer la prétendue déchéance de ne pas encore être arrivé là où vous voulez arriver.

Je suis heureuse de pouvoir vous transmettre l'importance d'amplifier votre sentiment de grandeur. Vous prenez de l'ampleur en osant montrer davantage cette grandeur en vous. Et je trouve que le mot « gloire » soutient cette démarche. Vous voulez briller dans toute votre gloire.

Beaucoup d'écrits parlent du Divin dans toute sa gloire. Vous êtes Divin.

JEU ALCHIMIQUE

Chacun et chacune d'entre vous, soyez qui vous êtes dans toute votre Gloire. La Gloire, c'est l'Amour et la magie que vous rayonnez. C'est votre unicité, votre authenticité et votre valeur suprême. Rayonnez votre valeur, encore et encore, et voyez ce qui se manifeste pour vous.

Notez sur une feuille de papier ou dans votre journal d'appréciation :

« J'ai senti que j'amplifiais ma gloire en faisant ceci, en osant cela, en

contactant telle personne, en lançant mon premier email... »

Rédigez vos messages, lettres et courriels comme une lettre d'amour venant d'une personne dans toute sa gloire vers une autre personne dans toute sa gloire. Vous co-créez ainsi un nouveau monde de gloire, d'abondance, de générosité et de vérité, où chacun et chacune a toute sa place et peut se montrer dans sa glorieuse grandeur.

Rappelez-vous que l'argent vous considère toujours comme beaucoup plus puissant et créatif que ce que vous croyez. Laissez cette puissance et cette créativité se montrer et se déverser sur toutes les personnes qui vous approchent et que vous approchez.

POINTS ESSENTIELS À RETENIR
Onzième principe de l'alchimie entre l'amour et l'argent
L'argent vous considère comme plus puissant et créatif que ce que vous croyez.

- L'argent vous montre le chemin vers votre potentiel et il vous aide à manifester ce grand potentiel dans le monde.

- L'argent vous montre la voie vers votre capacité d'expansion et d'abondance, voire de surabondance, dans le bon sens du terme.

- Si, pour vous, être riche, c'est avoir une fortune financière mais également offrir des bienfaits, faire le bien et avoir un cœur plein d'amour, et beaucoup d'amour autour de vous – l'amour de vos proches et le vrai amour de vos amis –, VOTRE fortune n'a pas de prix.

- L'argent amplifie les valeurs importantes pour vous - tout comme il amplifie vos peurs et vos limitations.

- La véritable fortune et la vraie richesse, c'est arriver au niveau de conscience où vous cessez de vouloir obtenir toujours plus pour entrer dans le don – financier, mais aussi le don de temps, le don d'énergie, le don d'idées, le don de soutien. C'est ce passage de « avoir, posséder, accumuler », à « être, aider, donner ».

VENEZ TÉLÉCHARGER VOTRE BONUS

Visitez la page exclusivement réservée à vous, chers lectrices et lecteurs de ce livre :

http://faiteslapaixaveclargent.com/bonus

Téléchargez le superbe poster « Les 12 Principes de l'alchimie entre l'amour et l'argent » et son fichier audio, afin d'INSTALLER LA PAIX EN VOUS FACE À L'ARGENT et **d'activer la manifestation de vos rentrées** !

CHAPITRE 13
L'argent est votre coach d'amour et de gratitude

L'argent est un coach. L'argent vous guide vers l'amour et la gratitude, parce que l'argent, c'est l'amour et l'appréciation déguisés. Rappelez-vous qu'il ne s'agit jamais uniquement d'argent.

Quand vous payez l'addition, dans un restaurant, ce n'est pas seulement l'argent que vous dépensez qui entre en ligne de compte. Il vous reviendra, selon ce que vous vibrez au moment de payer. Si vous payez avec amour et appréciation pour le service qui vous a été offert - pour le bon moment que vous venez de passer, seul ou avec vos amis ou vos proches, pour la délicieuse nourriture que vous avez dégustée - cet argent vous revient comme un boomerang, et même démultiplié.

Posez-vous la question suivante : pourquoi, selon vous, beaucoup de personnes sur la planète - en ce moment, et depuis de nombreuses années - luttent pour devenir riches et accumuler des biens et des richesses ? Derrière ces biens et ces richesses, que recherchent-ils ?

La plupart des gens recherchent la joie, le bonheur, la satisfaction, l'amour, le respect, et l'indépendance. Et un style de vie qui soit simple et agréable pour eux. Voilà ce qui se cache derrière l'argent.

Il ne s'agit jamais uniquement d'argent.

Quand vous dites *J'aimerais avoir plus d'argent*, plutôt que de vous focaliser et de presque devenir obsédé par cet argent que vous voulez recevoir, allez voir l'essence du désir qui sous-tend ce désir d'argent.

Est-ce le bonheur que cet argent va vous apporter ? Est-ce une forme de tranquillité d'esprit ? Est-ce une forme de satisfaction ? Ou est-ce le sentiment d'être plus aimé, parce que vous avez plus d'argent ?

Allez voir ce qui se trouve là. Car être riche peut signifier des choses très différentes, selon qui nous sommes. Il est dès lors important de savoir ce que signifie ce mot richesse, ou l'expression « plus d'argent », pour vous.

Au vu des nombreux burn-out qui se révèlent de plus en plus nombreux dans la société actuelle, et des AVC de plus en plus courants à des âges de plus en plus jeunes, de nombreuses personnes se posent la question cruciale : **vaut-il la peine de (se stresser pour) devenir riche ?**

Imaginez que je vous réponde : « Non, cela n'en vaut pas la peine. » Est-ce que cela va vous empêcher de vouloir réussir votre vie et votre activité ? Non. Vous allez toujours vouloir réussir votre vie personnelle et votre activité. Vous allez toujours rechercher ce sentiment d'accomplissement.

Dès lors, si la richesse, pour vous, celle que vous voulez vivre, consiste à être au service des autres, à les aider et à développer une activité en fonction de ce que vous aimez, cela en vaut la peine, n'est-ce pas ? Peu importe l'argent que vous récoltez. Et il y a beaucoup de richesse derrière ce mode de fonctionnement, parce que votre focalisation n'est pas uniquement sur l'argent. Vous vous concentrez sur l'essence de ce que l'argent peut vous apporter, donc vous êtes plus vite satisfait que la personne qui veut juste obtenir un certain montant – souvent désaligné de ses valeurs.

En fait, vous mettez l'essence de ce que vous voulez vivre en priorité, avant même que l'argent ne soit manifesté. Vous voulez vivre de votre patience. C'est cela qui compte, pour vous. Vous voulez vivre de cette patience et de cet amour de vous-même. Cet amour-propre qui vous pousse en avant, à vouloir faire quelque chose que vous aimez. Et l'argent arrive grâce à cela. Vous focaliser uniquement sur l'argent peut vous rendre fou, parfois.

Nous observons, dans la société et le monde de l'emploi et de l'entreprenariat actuel, une espèce de spirale qui vous fait toujours vouloir plus. Et c'est pour cela que je considère que l'argent est un coach, parce qu'il nous permet d'avoir des prises de conscience puissantes dans notre mode de fonctionnement et nos fausses croyances. Parce qu'il nous aide à reconnaître nos limitations, face à l'argent, et face à ces anciennes croyances héritées de notre environnement dans l'enfance, et que nous entretenons encore sans le savoir. Par ailleurs, il nous oblige également à voir, en-dessous de la surface de la manifestation de son support physique (billets, pièces, etc.), ce qu'il y a EN NOUS. Notre richesse intérieure avant tout.

Vous avez certainement déjà entendu dire, pas seulement par moi-même mais par d'autres, que dès que vous faites ce que vous aimez au quotidien, vous imprégnez votre quotidien de vos passions. Votre activité devient une espèce de grand puzzle qui regroupe vos différentes passions. Et lorsque vous vous y adonner, l'argent arrive. En effet, c'est la vibration de passion qui attire l'abondance et la richesse, et qui vous ouvre à recevoir. Elle vous place en mode de réception de plus de choses à aimer, de plus de passions à ressentir, et de plus de choses à apprécier en vous et autour de vous.

Ma philosophie, c'est que rien d'autre ne compte autant que le fait de faire ce que vous aimez. Et que la richesse ou la fortune est un effet secondaire de ce que vous faites avec amour et appréciation, de ce bonheur que vous ressentez au quotidien dans une émotion forte.

Poursuivre la richesse ou l'argent, et avoir seulement une intention financière comme objectif, ne va pas vous amener le bonheur que vous recherchez. C'est l'inverse. Soyez, ici et maintenant, votre passion. Faites ce que vous aimez. Vibrez cette intention de bien-être, ici et maintenant, et vous vous ouvrirez à la richesse. Ainsi, vous fonctionnez dans le paradigme être-faire-avoir.

Le paradigme être-(faire)-avoir vous encourage à vous dire ceci : *je choisis d'être bien, ici et maintenant, je choisis mon niveau de qualité d'abondance, et en vibrant à ce niveau de qualité d'abondance (être), je reçois ou j'ai ce que je veux.*

Éventuellement, entre les deux, je passe à l'action (faire). En effet, je ne vais pas passer des mois à rester allongé au bord d'une piscine. Moi, être humain physique, j'ai besoin de mouvement et d'action. Cependant, parfois, vous pouvez très bien lancer une idée en vous mettant dans la vibration de bien-être désirée, et recevoir ce que vous avez demandé. C'est pour cela que je mets entre parenthèse la phase action (faire).

L'argent vous offre votre liberté

L'argent peut acheter beaucoup de choses, et l'argent achète surtout votre liberté. Il vous offre votre liberté. C'est le merveilleux cadeau que l'argent peut vous offrir.

La liberté de vous exprimer sans limites (avec décence évidemment). La liberté d'être vous-même, la liberté de créer votre activité, de vivre de vos passions, de pouvoir faire des choix conscients et délibérés, sans devoir soumettre vos idées à qui ce soit d'autre qu'à la Source en vous. Vous pouvez, éventuellement, demander conseil à des amis ou collègues, mais vous êtes toujours la seule personne à prendre la décision finale. Pas de hiérarchie, pas besoin d'aller demander la permission de prendre un congé ou de sortir plus tôt, ou d'arriver plus tard au bureau. C'est vous-même qui êtes votre propre patron ou maître-créateur, c'est vous-même qui générez la quantité d'argent et de richesse pour vivre le style de vie que vous désirez.

En faisant cela, vous vous libérez d'énormément de contraintes. Voilà peut-être ce que votre coach Argent est venu vous apprendre, en cette période de grand sentiment de manque de liberté et d'emprisonnement que ressent une bonne partie de l'humanité : la notion de liberté.

Vous allez me dire « *oui, mais la liberté, je ne peux pas la vivre sans argent* », ou « *oui, bien sûr, mais dans la société actuelle, il est très difficile de survivre sans argent* ». Je lisais récemment un article qui décrit bien qu'il n'y a que dans les tribus indigènes que vous pouvez survivre ou bien vivre sans argent, parce qu'il y existe encore l'expérience de la vraie solidarité et de la vraie communauté, où chacun travaille pour le bien de tous, ce que nous avons perdu dans notre société occidentale.

Et ce n'est pas un mal, non plus. En effet, l'être humain est toujours en évolution et en expansion. Le fait que nous nous soyons créé ce type de société nous oblige à aller plus loin dans la responsabilisation ; premièrement, face à nos choix et à nos valeurs ; deuxièmement, dans la réception de nouvelles idées et de nouveaux moyens.

Regardez ce qui se passe dans le monde, aux niveaux économique, politique, religieux, scolaire. Les êtres humains sont de plus en plus mis face à eux-mêmes. Ils sont confrontés à leurs propres valeurs. Ils ont des choix à faire, qui ne peuvent plus être liés aux anciens systèmes. Auparavant, on leur disait : « *Une fois que tu auras ton diplôme, tu suivras les mêmes rails que tes prédécesseurs, et tu iras jusqu'au bout de ta vie sur les rails de la sécurité, en tant que juriste, médecin, instituteur, banquier, etc.* » C'était encore très cadré, pour les hommes et pour les femmes. Aujourd'hui, chacun et chacune d'entre nous a une liberté de choix tellement étendue que cela fait peur, parfois. C'est comme être devant une page blanche. Les auteurs, les peintres et les artisans le savent ; tous les créateurs le savent. Dès que vous êtes devant une page blanche, vous pouvez créer beaucoup de choses. Tout est possible. Et c'est cela qui fait peur au mental.

Le mental préférerait que quelqu'un lui dise : « Tu as le choix entre A, B ou C. » Et ensuite, il peut choisir. Non, ici, tout est possible. C'est cela qui est en train de nous amener, en tant que société, à faire un saut énorme. Je crois et je ressens fort dans mes cellules – et je ne suis pas la seule – ce que nous vivons en ce moment de dramatique, de confrontant, de lourd et de difficile à accepter et à supporter : cet énorme contraste qui cache la magnifique perle qui nous attend juste derrière lui.

Et nous, ici, en tant que membre de cette communauté de pensée, ainsi que les membres de toutes les autres communautés philosophiques, religieuses ou autres qui se rassemblent afin d'imaginer un « monde meilleur » – un monde qui avance dans le sens de nos valeurs de respect, d'amour, d'acceptation de l'autre et de nos différences – nous sommes tous en train de co-créer ce « monde meilleur ».

Nous sommes en train de poser les bases d'une nouvelle société, de nouvelles structures et de nouvelles expansions. Et c'est en cela que je trouve que ce douzième principe de l'alchimie sacrée entre l'amour et l'argent est totalement vrai, et d'autant plus vrai aujourd'hui.

L'argent est devenu notre coach, pour plus d'appréciation, plus d'amour et plus de gratitude. Et probablement qu'une fois qu'il aura joué son rôle, il passera la main à un autre coach, de sorte qu'il n'y aura peut-être plus d'argent dans la société à venir, ou peut-être qu'il y en aura encore, mais que nous l'utiliserons différemment, parce que nous aurons dépassé nos peurs, nos doutes, fausses ces croyances qui nous donnent le sentiment d'être prisonnier de l'argent, que l'argent a tout pouvoir sur nous, et que ceux qui ont l'argent ont tout pouvoir sur ceux qui en ont moins. Ce coach Argent nous permet de nous rappeler que nous sommes les seuls maîtres de notre abondance.

JEU ALCHIMIQUE

Et c'est cela que j'aimerais que vous gardiez de la lecture de cet ouvrage. C'est que vous êtes Maître de la création et de la manifestation de tout ce que vous voulez.

Vous êtes Maître de vos relations ; c'est vous-même qui créez des relations harmonieuses ou pas. Vous êtes maître aussi de vos relations avec vos parents, avec votre famille et vos enfants, et de votre relation avec l'administration, la fiscalité, tous ces domaines qui paraissent parfois très complexes et chargés d'émotions lourdes.

C'est votre coach Argent qui vous permet de clarifier qui vous êtes, de redéfinir vos valeurs et de décider *dans ma vision, dorénavant, pour mes relations avec l'administration, avec mes proches, avec mes collègues, ou avec mes clients, voilà quels sont mes critères.*

Ainsi, vous vous respectez vous-même et vous recevez plus de respect de l'extérieur. Vous vous aimez plus vous-même et vous recevez plus d'amour de l'extérieur. Vous donnez d'abord cet amour, et dès lors l'amour vous revient.

Ainsi, votre coach Argent aura bien exécuté son rôle, et vous lui donnez la possibilité, non pas d'apparaître tel un monstre, mais plutôt comme un allié que vous apprenez à aimer, en reconnaissant son rôle véritable dans votre vie, et dans la société en général.

Je vous souhaite de souvent revenir à l'intérieur de vous, dans votre cœur, et dans cet amour que vous vous portez à vous-même.

Demandez-vous si, aujourd'hui, vous êtes prêt à aimer l'argent, et à aimer ceux qui ont de l'argent. Ces personnes prospères que vous admirez et qui ont déjà compris certains principes de l'alchimie entre l'amour et l'argent. Je vous invite à les comprendre chaque jour un peu plus.

Relisez les chapitres des douze principes et regardez lequel demande encore à être, soit apaisé, soit amplifié – il est déjà en place, mais vous aimeriez qu'il prenne plus de place dans votre avenir et dans la société.

Chacun et chacune d'entre nous, par le développement personnel qu'il vit en appliquant ces jeux alchimiques, contribue à l'expansion de la société. Nous contribuons à l'énorme saut que la société est prête à faire aujourd'hui - qui peut nous faire peur car il nous fait quitter le connu pour nous amener vers l'inconnu, mais que nous sommes prêts à faire.

Vous avez un rôle à jouer dans ce saut. Jouez votre rôle dans votre petit monde à vous. Rayonnez de façon merveilleuse et exponentielle. Décidez de rayonner, pour être visible, et puis voyez ce qui se passe.

Pensez à définir votre intention pour les douze mois à venir.

Puis venez nous dire ce qui se passe pour vous, votre intention, vos nouvelles valeurs, peut-être, et comment vous considérez votre coach Argent, sur le forum Aficea[13].

Je serai très heureuse de vous lire.

---

[13] Venez vous présenter sur le forum Aficea, et échanger avec les autres membres de cette puissante communauté délibérément créatrice https://www.facebook.com/Aficea

POINTS ESSENTIELS À RETENIR
12ᵉ principe de l'alchimie entre l'amour et l'argent
L'argent est votre coach d'amour et de gratitude

- L'argent vous guide vers l'amour et la gratitude, parce que l'argent, c'est l'amour et l'appréciation déguisés. Il ne s'agit jamais uniquement d'argent.
- L'argent nous aide à reconnaître nos limitations, face à l'argent et face aux anciennes croyances héritées de notre environnement, dans notre enfance, et que nous entretenons encore sans le savoir.
- Il nous oblige à voir en-dessous de la surface de la manifestation de son support physique – billets, pièces, etc. – ce qu'il y a EN NOUS. Notre richesse intérieure, avant tout.
- L'argent vous offre votre liberté : la liberté de vous exprimer sans limites. La liberté d'être vous-même, la liberté de créer votre activité, de vivre de vos passions, de pouvoir faire des choix conscients et délibérés, sans devoir soumettre vos idées à qui ce soit d'autre qu'à la Source en vous.
- Ce coach qu'est l'argent est venu nous apprendre à récupérer notre sentiment de liberté.

VENEZ TÉLÉCHARGER VOTRE BONUS

Visitez la page exclusivement réservée à vous, chers lectrices et lecteurs de ce livre :

http://faiteslapaixaveclargent.com/bonus

Téléchargez le superbe Poster « Les 12 Principes de l'alchimie entre l'amour et l'argent » et son fichier audio, afin d'INSTALLER LA PAIX EN VOUS FACE À L'ARGENT, et **d'activer la manifestation de vos rentrées** !

LA SOURCE ET L'ÂME

« Nous sommes tous issu de l'Océan d'énergie d'origine.
Nous nous sommes individualisés dans de petites gouttes, dont les enveloppes grossissent ou s'affinent, selon nos peurs, nos croyances ou nos illusions.
Plus nous lâchons ces peurs, fausses croyances et illusions, plus nous affinons l'enveloppe de notre goutte, et plus nous nous rapprochons de notre centre – notre être ou essence divine –, représenté par l'eau dans la goutte.
L'eau dans la goutte ayant les mêmes caractéristiques que l'eau de l'Océan d'origine, nous avons les mêmes pouvoirs que la Source dont nous sommes issus. »

Marcelle della Faille

GLOSSAIRE TRÈS PERSONNEL

Abondance : *capacité de faire ce que vous voulez faire, quand vous voulez le faire, sans vous soucier du coût.*

La poursuite du « rêve américain » de l'abondance financière nous a permis de croire longtemps que nous détenions la seule clé du bonheur : l'argent. Nous en avons fait notre priorité absolue en croyant aveuglément en la réussite matérielle. Or, depuis 2008, il semble que l'abondance ait changé de visage. Du rêve américain, nous en sommes arrivés à expérimenter la signification réelle de l'abondance. Désormais, l'abondance ne se crée plus avec l'argent mais avec le cœur. Cette ouverture du cœur s'accompagne de notre volonté de partager, de rendre service aux autres, de nous rendre réellement utiles et pas seulement en ayant un boulot pour gagner notre vie, mais bien en développant une activité qui nous permet de nous accomplir en tant qu'individu conscient et puissant.

Le mot ABONDANCE est un mot créateur et puissant, à mon sens, car il renferme de nombreux mots et de nombreuses phrases simultanément. Et il résume une énergie porteuse qui me fait du bien.

Alignement : *décision et processus de recentrage sur son bien-être et sa joie intérieure.*

L'alignement permet de récupérer notre pouvoir, en choisissant consciemment et délibérément de changer notre vibration dominante. Rien de tel pour vivre une journée parfaite.

Désir réalisé : *désir lancé consciemment ou inconsciemment et que la Source ou l'Univers nous apporte instantanément. Il est déjà réalisé sur un certain plan vibratoire élevé. À nous de vibrer sur ce plan vibratoire élevé.*

Concentrer notre pensée sur un désir nous permet de lancer un message à l'Univers, qui le reçoit et y répond instantanément. Ce sont les deux premières étapes du processus de création. À la troisième étape, nous décidons de ressentir ce désir jusque dans la moindre de nos cellules et imprimons ainsi notre pensée sur la substance informe qui baigne l'Univers. Cette substance met alors en mouvement les processus de la manifestation visible.

Échelle des émotions : *échelle regroupant toutes les émotions susceptibles d'être éprouvées par l'être humain.*

C'est un outil puissant utilisé pour choisir délibérément la fréquence émotionnelle dans laquelle vous voulez vibrer, afin de devenir totalement indépendant des circonstances et sortir du sentiment de victimisation. Il est décrit en détail dans le chapitre 6 du best-seller *Le Secret de la loi de l'attraction*[14].

Voici l'échelle des émotions telle que suggérée par Abraham-Hicks, par ordre décroissant :

1. Joie/Connaissance/Autonomisation/Liberté/Amour/Appréciation
2. Passion
3. Enthousiasme/Ardeur/Bonheur
4. Attente positive/Foi
5. Optimisme
6. Espoir
7. Contentement
8. Ennui
9. Pessimisme
10. Frustration/Irritation/Impatience
11. Accablement
12. Déception
13. Doute
14. Souci
15. Blâme

---

[14] Vous trouverez également des instructions pour vous aider à vous élever sur l'échelle des émotions, sur le site, à la page http://loi-d-attraction.com/emotions-fr2/

16. Découragement
17. Colère
18. Vengeance
19. Haine/Rage
20. Jalousie
21. Insécurité/Culpabilité/Manque de mérite
22. Peur/Chagrin/Dépression/Désespoir/Impuissance

Focalisation : *concentration de l'attention sur quelque chose de spécifique.*

Il s'agit de placer le « projecteur » de votre attention sur cette chose que vous voulez amplifier, grâce à l'effet de loupe de la loi d'attraction. Cette focalisation est essentielle à l'obtention de votre désir réalisé. Elle vous rend aussi plus performant et aligné.

Intelligence ultime : *capacité illimitée à comprendre ; intelligence de la Source.*

« Tant que nous croyons que nous agissons par nous-mêmes, nous sommes petits et limités. Nous n'avons pas énormément de latitude, parce que le mental agit en fonction de ses peurs et de ses croyances. Il est donc limité. Tandis que si nous nous laissons traverser par l'intelligence spirituelle et que nous nous reconnectons à elle, elle peut travailler à travers nous et faire des choses plus importantes. Et utiliser l'intelligence ultime. »

Pouvoir de création : *capacité innée de chaque individu sur la planète de créer précisément ce qu'il désire voir se manifester dans sa vie.*

Valeur : *ce par quoi quelqu'un est digne d'estime, sur les plans moral, intellectuel, professionnel ; importance attachée subjectivement à quelque chose.*

Nous avons tous quelque chose à apporter au monde. Notre valeur personnelle est un joyau que nous devons reconnaître, apprécier et entretenir.

Vibration : *mouvement d'oscillation rapide (surtout pluriel). Les vibrations d'une corde. Modulation d'un son, d'un timbre : vibration de la voix.*

En tant qu'entité vivante, nous émettons tous un son et une fréquence, ou plutôt une gamme de fréquences, qui reflètent notre vibration dominante. En visualisant ce que nous désirons, nous activons la vibration de ce désir dans notre vibration dominante et nous attirons ce désir grâce à la loi de l'attraction.

Vibration d'amour : *vibration de base de l'Univers et vibration la plus haute sur l'échelle des émotions humaines.*

Vibration dominante : *gamme de fréquences que tout être vivant émet. La vibration dominante reflète les émotions dominantes de l'être.*

Nous émettons une vibration qui découle de nos émotions et repose le plus souvent sur notre réaction inconsciente aux circonstances extérieures auxquelles nous nous trouvons confrontés. Ce qui explique que cette vibration dominante est irrégulière et chaotique. En tous les cas, tant que nous ne maîtrisons pas nos réactions et nos émotions.

Heureusement, à tout moment, nous pouvons choisir de déterminer délibérément le type de vibration que nous voulons voir prédominer en nous. C'est ainsi que nous redevenons maîtres de nos pensées, de nos émotions et de nos actes. Et que nous redevenons maîtres créateurs de notre vie.

Source : *source originelle qui imprègne tout et traverse tout.*
Synonymes : Univers ou esprit.

Spirale d'expansion : *spirale d'évolution expansive, à la base même du développement de l'Univers et, dès lors, du développement de tout composant de l'Univers.*

DU MÊME AUTEUR

Aux éditions Le Dauphin Blanc

Un secret à leur portée, guide parental pour expliquer la loi de l'attraction aux enfants, 2009.
L'Odyssée de la prospérité. Découvrez comment créer votre vie idéale et réaliser tous vos rêves, 2008.
Manuel pratique du secret de la loi d'attraction. Manuel pratique pour changer sa vie en 30 jours, 2008.
Le Secret de la loi d'attraction. Comment créer délibérément sa vie en 30 jours, 2007.

Aux éditions de la Loi d'attraction
http://www.lulu.com/spotlight/abondance

Le Manuel de l'abondance. Comment attirer délibérément l'abondance dans votre vie et créer la vie de vos rêves aisément et facilement ? 2008 (disponible également en livre électronique).

Œuvres pour enfants
http://www.lulu.com/spotlight/abondance

La Quête de Sam Kukaï – I. Le Gardien de la sagesse, 2008 (disponible également en livre électronique).
La Quête de Sam Kukaï – II. L'Épée de vérité, 2008 (disponible également en livre électronique).

Œuvres pour adultes
http://www.lulu.com/spotlight/abondance

Avec ou sans toi, 2009 (disponible également en livre électronique).
Le Palais des illusions, 2011 (disponible également en livre électronique).

Aux éditions Lanore

Les Lois du bien-être. Découvrez comment vous harmoniser avec les lois de l'Univers et jouer la symphonie du bien-être continu, 2011.

Livres traduits par Marcelle della Faille aux éditions Le Dauphin Blanc

La Science du mental. Traduction de *The Science of Mind,* d'Ernest S. Holmes, 2013.

La Science de la santé. Traduction de *The Science of Being Well,* de Wallace D. Wattles, 2013.

Votre pouvoir personnel. Traduction de *The Personal Power Course,* de Wallace D. Wattles, 2012.

Les Secrets sans âge. Traduction de *The Secret of the Ages,* de Robert Collier, 2011.

La Science du succès. Traduction de *Making of The Man Who Can* (intitulé ensuite *How to Promote Yourself*), de Wallace D. Wattles, 2010.

Développer sa personnalité par le pouvoir de la pensée. Traduction de *Character Building Thought Power,* de Ralph Waldo Trine, 2009.

La Cause et l'effet. Traduction de *Cause and Effect,* de Charles F. Haanel, 2009.

Votre pouvoir invisible. Traduction de *Your Invisible Power,* de Geneviève Behrend, 2008.

La Science de la grandeur. Traduction de *The Science of Being Great,* de Wallace D. Wattles, 2007.

La Clé de la maîtrise. Traduction de *The Master Key System,* de Charles F. Haanel, 2007.

La Science de l'enrichissement. Traduction de *The Science of Getting Rich,* de Wallace D. Wattles, 2006.

À propos de l'auteure

Marcelle della Faille, « La Reine de l'Attraction », est une Auteure, conférencière et formatrice de coaches de la Loi d'Attraction, dont le premier livre *Le Secret de la Loi d'Attraction* est vite devenu un best-seller en 2005.

Récompensée de plusieurs prix, Marcelle aide les coaches et les entrepreneurs du service à suivre la voie de l'entreprenariat spirituel afin de créer la vie qu'ils désirent. Ses écrits et ses programmes de formation vous encouragent à développer votre passion en une activité prospère et épanouissante.

« Par le biais des livres que j'écris ou que je traduis, je partage avec vous de très anciens secrets, de manière à vous permettre à VOUS aussi d'ACCÉDER À L'ABONDANCE ET AU BIEN-ÊTRE dans votre vie ! » (Marcelle della Faille)

Pour joindre Marcelle della Faille :
https://www.loi-d-attraction.com
https://aficea.com
https://loveandmoneyalchemy.com
https://twitter.com/loidattraction
https://be.linkedin.com/in/marcelledellafaille
https://www.facebook.com/marcelle.dellafaille
https://www.instagram.com/marcelle_della_faille/

www.ingramcontent.com/pod-product-compliance
Lightning Source LLC
Chambersburg PA
CBHW050215230526
45470CB00001B/400